孙云晓教育作品集

良好习惯缔造健康人格

孙云晓 著

江苏凤凰教育出版社

序一

家庭生活教育要义

洪 明

家庭"是大自然的杰作之一",是社会的基本细胞,也是人生的第一所学校,和谐幸福的家庭生活奠定人生健康成长的根基。构建覆盖城乡家庭教育指导体系,健全家校社协同育人机制是家庭教育工作的重中之重。指导家庭教育的根本要义是发现并遵循家庭教育的基本规律,让家庭教育回归到它应有的样子。与学校和社会相比,家庭教育的根本特征是生活教育,开展家庭教育指导的着力点是引领家长构建合理的家庭生活。

孙云晓老师是改革开放以来深耕于家庭教育事业并产生重大影响的资深家庭教育研究和实践专家,其新版的《孙云晓教育作品集》可谓恰逢其时。作者以独到的眼光、睿智的思考、丰富的案例、理性的分析,对家庭教育的生活属性、家庭生活教育的基本内涵与表现形式以及家庭教育指导进行了完整的阐释,是当下开展家庭教育研究、从事家庭教育指导重要的参考。新版的《孙云晓教育作品集》中,最具代表性的是《教育的魅力在生活》,我拜读之后获得以下几点重要启示。

第一,要引导家长充分认识到,家庭教育的根本特征是生活教育。相较而言,家庭教育有两个显著特征:一是"奠基的教育"。孩子从出生到入学前所受到的教育主要来自家庭,而这一时期是孩子成长的关键期,家庭教育奠定了学校教育的基础。二是"生活的教育"。生活就是为了生存、发展和提升生命质量而开展的各种活动，主要包括物质生活、精神生活、交往的生活。家庭是过日子的"组织"，过日子是生活的俗称，过上好日子就是家庭的目标，在过日子过程中让孩子获得成长，这是家庭教育应有的样子。尽管学校也要注重教育与生活的结合，但学校教育毕竟以课程为基础兼顾生活，而家庭教育是真正的生活的教育，是"生活所原有，生活所自营，生活所必需的教育"（陶行知语）。购物是家庭生活，家庭购物活动会对孩子的消费观产生很大影响；穿衣打扮是家庭生活，家庭穿着风格会对孩子审美产生很大影响；接物待人是家庭生活，与什么人交往以及如何交往会影响孩子的价值取向和文明礼仪；休闲娱乐是家庭生活，家庭休闲方式会对孩子闲暇教育产生很大影响；家务劳动是家庭生活，家务劳动的分配会对孩子的劳动素质和责任意识产生很大影响。过什么样的日子就受到什么样的教育，这是家庭教育最大的特点。

第二，要引导家长深刻认识到，家庭教育问题的根源在于教育与生活的背离。首先，家庭不良的生活方式影响了孩子的健康成长，背离了教育的宗旨。每个家庭都会基于对生活的理解而形成不同的生活方式，生活方式的外在表现是生活的习惯，其背后支撑是生活的理念。尽管家庭生活方式有地域性和文化性，有一致性和多样性，但我们不得不承认，有的生活方式是健康的，有的生活方式是不健康的，如有的家庭喜欢抱怨、作息不规律、晚睡晚起、贪图享乐、过度消费、喜欢攀比、好逸恶劳等，这些属于不健康的生活方式；有的家庭生活是符合道德的，有的是不符合道德的，如有的家庭爱占小便宜、举止不文明、做人不诚实，甚至不遵纪守法，这些属于不道德的生活方式，自然会对孩子的道德观念形成产生不利影响。其次，不当的教育观、成才观导致教育背离了生活，影响到孩子的健康成长。这种现象极为普遍。当下许多家长依旧坚持应试教育那套做法，把教育等同于升学，过度追求孩子的学业成功，致使家庭教育呈现出高期待、高投入和高焦虑的"三高"现象。在错误观念的引导下，许多家长打着"教育"

的旗号，对孩子的时间进行了"精心"的安排，使得孩子整日忙于各种竞争性学习活动之中，严重挤压了生活的时间，割裂的生活与教育的关系，极易使孩子产生"空心病"和"厌学症"，不仅生活没搞好，最终学习也受到影响。

第三，要真正认识到，优良的家风才是生活教育的源头活水。从根本上说，家庭生活教育就是在合理的生活中引导孩子学会做人，这就需要优良的家风作为保障。家风是父母长辈身体力行并用于约束和规范家庭成员的作风和风范，其核心是价值观。这里面要注重三个关键环节：一是家长要在中华优秀传统家风的基础上，以社会主义核心价值观为指导，构建形成适合新时代需要的优良家风。二是传承家风的关键在于家长的身体力行和严格要求，应该用行动来践行价值观而不是光说不做。三是传承家风的根本是将家风融入到日常生活之中，要让价值观像空气一样无所不在。2014年2月24日，中共中央政治局就培育和弘扬社会主义核心价值观、弘扬中华传统美德进行第十三次集体学习，习近平总书记在讲话中指出："要注意把我们所提倡的与人们日常生活紧密联系起来，在落细、落小、落实上下功夫。"比如，和谐是传统文化核心理念之一，又是当今社会主义核心价值观的重要组成部分，讲和谐并不是要掩盖矛盾，而是要用"和"的方法正确对待矛盾与分歧，就是要在具体生活中能够换位思考、理性表达、善意沟通、平等交流，并把这种思想传递给孩子。再比如，家长应该明白每个人应该有自由，应该追求自由，但自由的内核是基于规律和规范，并不妨碍他人，是真理无禁区、思维讲理性、行动有方向的统一，对孩子既严格要求，又行有依归。

第四，要引导家长能够真正掌握以儿童生命成长逻辑设计美好教育生活的基本规律。许多人能够认识到以生活为本的重要性，但如何让教育回归到美好生活是一个难题。笔者认为，家庭生活教育设计的基本规律是坚持一个中心和两个原则。一个中心是指以儿童生命成长为中心；两个原则是坚持"有意思"的原则与"有意义"的原则，并保持二者相统一。一方面，家庭生活教育中的生活是儿童的生活，不是成人的，不能用成人的生活或者成人自认为正确的生活简单代替或等同于儿童的生活。这正如陶行知所说："要是儿童的生活才是儿童的教育，要从成人的残酷里把儿童解放出来。"一方面，以儿童生命成长为中心的儿童生活应满足儿童需要，符合儿童认知与情感规律，并随着儿童发展的不同阶段而有所变化。儿童早期阶段的生活主要是在父母的养育下的体验行为之中，3岁以后主要体现在父母陪伴之下的各种游戏和探索行为之中，6岁以后主要体现在父母和老师引导下的学习、实践和交往活动之中，12岁以后主要体现在成人参与下的各种主体性活动之中。另一方面，儿童生活设计要符合"有意思"和"有意义"相统一的原则，也就是说，儿童的生活既要让孩子喜欢，又要符合教育目标。要做到这些，首先就要注重生活的多样性。生命的样态决定生活的样态，生命是多姿多彩的，生活也本应该是多姿多彩的，单调枯燥的生活是教育的大敌。其次要处理好他主与自主的关系。要坚持先他主再自主，他主时尊重儿童真实意愿，自主时家长要起到参谋和把关作用。最后要处理好学与玩的关系。一般来说，学龄前的儿童玩就是学，学在玩中；到了小学低年级，学与玩要并重；到了小学高年级以后，应该以学为主，会学会玩。

家庭是生活的"组织"，生活是家庭教育的载体，读懂生活就读懂了家庭教育，学会构建合理而美好的生活，就找到了家庭教育的密码。真正的家庭教育就是要基于对美好生活的向往，学会生活、反思生活、重构生活，如此往复，从而营造完满的人生，成为生活的主人。这是新版的《孙云晓教育作品集》传递给我们教育信息。

是为序。

洪明，中国青少年研究中心研究员、中国青少年研究会副秘书长

序二

一位跨世纪新教育的忠实守望者

陆士桢

在世纪之交中国教育观念和思想的改革进程中，孙云晓无疑是一位领军人物。从 20 世纪 90 年代推动的"夏令营中的较量"大讨论，到 21 世纪初关于培养孩子习惯养成的奔走呼喊，从"分数是学生隐私"的评判，到"家长应该称父母"的提议，孙云晓关于当代教育的话题常常引起社会强烈的反响，也震撼着众多父母和教育者的心灵。

孙云晓以一名作家的敏锐，加之青少年理论工作者的深邃，更有对青少年那种理性的、透彻的爱，在对当代青少年生存、学习、发展环境及状况深入观察思考的基础上，提出了一系列关于青少年权利价值及当代教育思想观念的精辟观点，尖锐、强烈地批判了现存教育在观念、体制、方法等方面与时代发展相背离的误区与弊病。孙云晓的一系列教育作品，是他对当代教育，特别是家庭教育的真诚、系统的建议，也是他教育思想的理论总结和阐述。

阅读孙云晓的教育作品，我们可以深切地感受到作者对于青少年儿童的信任和关爱，感受到他对当代教育深深的忧虑和反思，更能领悟其理论上的深刻及其独有的思想魅力。

首先，孙云晓的教育思想具有深刻的批判性。批判是创新的基础和前提，也是一切有价值的思想理论的共同特征，是一种理论的力量所在。孙云晓关于中日孩子夏令营的思考和呐喊，给了国人以"孩子的教育与综合国力"间重要关联的警醒和深思；孙云晓关于孩子与父母之间位置、关系，乃至称呼等全方位的、多次反复的思考，让更多的国人更急迫地从儿童权利的视角去审视亲子关系，去反思在教育过程中自身的态度和方式；孙云晓率中国青少年研究中心研究人员进行的关于中国少年儿童学习压力、身心健康、同伴关系等生存状态的多项调查，提醒国人重视孩子现实生活中的实际状况，并从儿童健康发展的基础条件角度，进一步认识目前教育中存在的问题。特别值得一提的是，他提出了"德育为什么成了一壶烧不开的水"等关键问题以及"良好习惯是健康人格之基"等重要观念。作为一项研究成果，问题的提出、研究的设计、结果的分析、对策的建议，都立足于对现实儿童成长问题，对教育，特别是家庭和社会教育中误区的质疑、反思、批评，都渗透和体现了一种强烈的现实批判精神。

改革开放以来，对教育的反思是社会整体改革发展的重要组成部分，也是全社会共同关心的重大社会问题之一。反思与批判视角不一，多种多样。在众多的批判声中，孙云晓的批判不仅尖锐犀利，而且紧紧抓住了当下教育的根本弊病，即对少年儿童自身的忽略。自古以来，教育就是人类繁衍、传承知识技能的社会性行为，教育以社会为本，强调为社会培养需要的人才，这正是传统社会中教育社会功能的一种定位。

正是过分强调教育的社会功能，往往忽略甚至扭曲受教育者的个体人格，以至于酿成中国教育的种种悲剧。孙云晓对传统教育的批判涉及方方面面，但其核心紧紧抓住了这一根本问题，这也就使其批判在理性、价值、系统等诸多方面具备了理论批判在内涵上的生命力和力量。

其次，孙云晓的教育思想核心价值明确，凸显了受教育者的主体地位和儿童权利观念[①]。近年来，孙云晓经常发表一些有关教育批判或教育问题

---

① 《儿童权利公约》中的儿童与《未成年人保护法》中的未成年人一样，都是指18岁以下的任何人。

的文章、言论，有的甚至震动社会；他还提出了不少积极的教育建议，有的十分生动具体。我们在《孙云晓教育作品集》中可以看到丰富多彩的内容。

平常在我们眼里司空见惯的教育现象，孙云晓却有了新的发现，关键是他有一种不同于传统教育者的视角——儿童视角。他善于从儿童自身出发，去观察并思考教育，去认识教育过程中的各种关系。这就使他有了不同于他人的视野，也使得他的教育论述具有了面向未来的超前性和创新性。社会的发展和变迁直接影响了教育的功能、使命、目标，也影响了教育过程中教育者与被教育者之间的根本关系。现代社会以人为本，强调人在社会发展中的主动性和自由充分发展的功能，教育的目标逐渐定位于促进个体的持续性发展，在教育的过程中，人不再是被动的被塑造者，而是具有发展潜能的、独特的、自主的主动者。

在社会发展中，儿童往往会比成人更快、更直接地接纳新的观念和价值，也会因此与成人社会发生越来越多的冲突。孙云晓研究中的儿童视角，不仅表现在他对当代儿童生存状态的多重描述上，也表现在他研究整体的一种超前与创新上。

从一定意义上说，在当代儿童社会教育的研究领域里，孙云晓很多时候充当的是一种儿童代言人的角色。这种代言，绝非简单地为儿童说话，而是代表儿童发展本质需求的代言，是面向未来的代言。创新是一种精神，也是一种理论品质。教育理论的创新不在于提出什么新的、未曾使用过的方法，甚至是别人没有说过的观点、意见；教育理论的创新，最主要的是基本价值和核心理念，是体现于外在形式上的一种内在精神。孙云晓的教育理论，闪光之处恰在于此。

此外，孙云晓的教育理论体现了现代理论研究的特色，重视实践指导性。从书斋走向实践，从空泛的理论阐述走向具体的实证研究，是现代理论研究的发展趋势。在越来越多的领域里，一种理论的价值不仅取决于其核心观点、学术体系、理论的严谨性等传统元素，更多的还取决于其对实践的指导意义和具体的实践功能，研究过程也由重视理论的逻辑推断，转化为重视实证的、个体性的描述和研究。

《孙云晓教育作品集》中的众多论证，既体现了理论研究的科学严谨，也突出了对现实教育，特别是社会教育、家庭教育的指导作用，较好地体现了现代社会研究的发展趋势。阅读孙云晓的一系列教育作品，我们会发现，他在提出问题引起父母和教育者的警觉、分析原因、讲清道理之后，总会认真详细地作出对策性建议。

读孙云晓的书，可以深切地感受到：他所提出的问题大都是我们家庭、学校、孩子父母身边的，甚至是我们每日每时都会遇到的；他所作的分析，也都是我们熟悉的，贴近我们所思所想的；他给予的指导，是我们能够做到的，是生动具体的。

读孙云晓的书，总能够使我们在获得思想启迪的同时，更获得一些具体生动的教育建议、教育行为指导。这在今天各种教育思想流派流行共存，各类家教指导人物、书籍众多，"专家""大师"泛滥的情况下，具有特别重要的意义。教育是科学，在社会变迁、整体价值多元的情况下，教育的指导更需要科学和理性。而只有建立在相关研究基础上的具体、实际的家教建议，才是真正有指导意义的、有效能的好建议。

孙云晓是一个儿童工作者，他牢固树立了一个儿童工作者的职业伦理——热爱儿童、尊重儿童、以儿童为本，这样的伦理深入到他的研究和写作之中，就使得他的研究在整体上恪守了很多人很难获得的一种基本价值体系，并以此构建了自己的教育思想，准确地说，是社会教育的研究体系和理论框架。

孙云晓是一个青少年理论研究人员，他坚持理论研究的科学性和严谨性。多年来，他主持了多项关于少年儿童的课题，团结了一大批教育学、心理学、社会学、法学、传播学等专业学科的专家学者，发表了一系列有关少年儿童生存发展的研究成果，这就使得他的教育方面的书籍和文章具备了一种科学的底蕴，有了在研究基础上的学术底气，并以此确立了他在少年儿童研究领域里的独有地位。

孙云晓以一名作家的细腻和敏锐，以一个文人的独立思维，去观察儿童的生活，去观察教育过程中的种种现象，去思考相关的问题。曾经的记者生涯给了他笔耕的勤勉，给了他责任赋予的力量，也给了他在细微之处思索社会大问题的习惯，这就使得他的书籍和文章在科学理性的基础上还颇具文学性，哪怕是一项研究成果的发布，也更多地具有了人文气息，具有读者易于认识与理解的特点。

正是凭借这样的多重身份，孙云晓在教育研究领域拥有了属于自己的特点；也正是这些特点，成就了他的多彩与成功。

以上是我从儿童社会工作，从青少年研究，从教育变革角度，对孙云晓多年来的努力所作的思考，是为序。

陆士桢，著名青少年教育专家、中国青年政治学院教授

序三

孙云晓：童年的捍卫者

卜 卫

认识孙云晓对我来说是一件非常快乐的事。就在写序的头天晚上，我们在儿童剧场一起观看了第一部由儿童与成人一起主演的儿童剧《弹珠巫婆魔法国》，我们都对剧中出现的"巨婴"形象非常感兴趣。哭着的"巨婴"几乎占据了大半个舞台，他一出现，便引起小孩子们的惊呼，而那个魔法无边却总是烦小孩子的巫婆奶奶倒比他小好多好多。孙云晓说，这让他想起了陶行知的一句诗："你若小看小孩子，便比小孩还要小。"

当时，我几乎与他同时脱口而出。我们都很喜欢这首《小孩不小歌》，全文是：

> 人人都说小孩小，
> 谁知人小心不小。
> 你若小看小孩子，
> 便比小孩还要小。

认识孙云晓的快乐就来自这种寻找儿童世界的共同感觉。从1988年相识，到1991年开始合作进行儿童研究，至今30多年了，我们一直试图研究如何从儿童的视角来理解这个世界以及这个世界对儿童成长的影响。

我不能忘记孙云晓的报告文学作品《"邪门大队长"冤屈》。因为在成长过程中，几乎每个孩子都有被冤枉的历史，几乎每个孩子都有想说而难以说出口或不敢说出口的话，几乎每个孩子都渴望得到大人的理解和尊重。回顾我们刚刚成长为大孩子，还没有学会尊重小孩子时，我们往往对比我们小的孩子不屑一顾；但当我们再长大些，我们就逐渐知道了：人，无论大小，都应该受到尊重。我们的社会化不仅应该包括学习与各种文化层次不同、社会背景不同的人沟通，也应该包括学习与各种年龄的人沟通。因为这个世界上不仅有大人，还有儿童。真正成熟的人应该是尊重儿童并有能力与儿童沟通的人。

儿童需要教育，但如何教育儿童，是一个非常值得讨论的问题。在这里，我想分享陶行知的《教师歌》：

> 来！来！来！来到小孩子的队伍里，发现你的小孩。
> 你不能教导小孩，除非是发现了你的小孩。
> 来！来！来！来到小孩子的队伍里，了解你的小孩。
> 你不能教导小孩，除非是了解了你的小孩。
> 来！来！来！来到小孩子的队伍里，解放你的小孩。
> 你不能教导小孩，除非是解放了你的小孩。
> 来！来！来！来到小孩子的队伍里，信仰你的小孩。
> 你不能教导小孩，除非是信仰了你的小孩。
> 来！来！来！来到小孩子的队伍里，变成一个小孩。
> 你不能教导小孩，除非是变成了一个小孩。

孙云晓任主编多年的《少年儿童研究》杂志的封面上，曾经有一行醒目的标语："教育孩子的前提是了解孩子"。

多年过去，今天，当我问孙云晓，什么是他最重要的教育观点时，他说是"发现孩子""解放孩子""发展孩子"。从他发表的各种著作中，不难看出，陶行知的尊重和平等的思想深深地影响了他。

与其他儿童研究者不同，孙云晓是从数万封儿童与青少年的来信开始进入儿童教育研究领域的。我清楚地记得，20世纪90年代初期，在他简陋的办公室里，有一张堆满书籍和杂物的单人床，床下有成箱的儿童和青少年来信。他曾对我说："我对教育的看法主要不是来自理论，我真说不出那些流派，我的看法主要来自生活，来自对中国儿童命运的思考。"1993年少年儿童报告文学集《16岁的思索》（该作品集荣获全国优秀儿童文学奖）出版以后，他接到了少男少女来信2500多封，并对其中1500多封信作了回复。无论讨论什么话题，或分析什么现象，发现和理解儿童的世界永远是孙云晓研究问题的起点。

教育从发现和理解儿童开始，这对许多大人来说，并不是一件容易的事情。因为多数大人想当然地认为，儿童有什么好理解的，有什么可发现的，他们那点儿事一目了然；也因为大人总认为自己比儿童"高明"。可即使在我们能够发现和理解儿童以后，我们将对儿童进行什么样的"教育"也是个需要严肃讨论的问题。这个问题的背后其实是儿童观问题，即童年生活的价值是什么：是为成长为现在标准的成人（或成人理想中的成人）作准备，还是应当享受童年生活，日后成长为儿童自己愿意成为的那种人？历史上已有很多教育学家探索过这一问题。

卢梭认为，儿童期是个体生命发展的重要时期，其重要意义不仅仅是成人生活的预备，儿童应该享受大自然赋予的童年生活。只有经过这样的阶段，儿童身心的健康发展才有可能。儿童的现在和将来是一个连续发展的过程，教育不应为儿童的未来牺牲儿童的现在，而使他们受到各种各样的束缚，教育应该重视儿童的现在。

美国教育家杜威同卢梭一样，主张儿童的心理需求要从儿童现在的角度来考虑，而不是从儿童未来的角度来考虑。杜威也充分肯定了童年生活的价值，他指出："生活就是生长，所以一个人在一个阶段的生活，和在另一个阶段的生活，是同样真实、积极的，这两个阶段的生活，内容同样丰富，地位同样重要。因此，教育就是不问年龄大小，提供保证生长或充分生活的条件的事业"，教育者要"尊重未成熟状态"。①

对教育的这种反省和批判，同样也出现在意大利著名教育家蒙台梭利的论著中。她在《儿童教育》一书中指出："像所有别的人一样，儿童有着他自己的人格。他自身具有创造精神的美和尊严。"现代教育的错误在于"经常注意的是儿童的明天，他将来的生活。现在从来没有被严肃地考虑过。所谓现在，我的意思是儿童为了要能按照儿童期的心理需要充分地生活，他要求些什么……"②

在对教育目的的探讨中，美国现代教育家克伯屈提出，在现代，我们应该提倡一种新的教育理论。这种理论把出生后的儿童看作有行为、有感觉的人，而且借助于尊重和利用儿童现在的状况，帮助儿童把目前的生活变成更有效、更高质的生活。"这种强调儿童的现在并不否定适当重视儿童的将来。""我们希望这种对更广大、更遥远前景的重视是从内部发展起来的，即逐渐发展起来的，而不是如陈旧教育的通常办法，是从外部强加于儿童的。"③

如果承认儿童是完全的独立的个体，那么，教育的目的也需要相应改变。以往教育的目的是为了更好地延续种族或为了更好地完成成人社会赋予儿童的使命，但是现代教育就要考虑儿童如何能更好地发展自己的天赋能力，以获得个人完善、幸福，进而促进人类社会的进步。1996年，联合国教科文组织的国际21世纪教育委员会发布了题为《教育——财富蕴藏其中》的报告，报告从理论上针对"学会生存"这一主题进行了阐述。报告指出："教育新概念应该使每一个人都能发现、发挥和加强自己的创造潜力。"④ 教育

---

① 杜威.民主主义与教育［M］.北京：人民教育出版社，1980：29-33.
② 蒙台梭利.儿童教育［M］.北京：人民教育出版社，1980：90-91.
③ 克伯屈.学习的现代理论［M］.北京：人民教育出版社，1980：54-55.
④ 联合国教科文组织.教育——财富蕴藏其中［M］.联合国教科文组织总部中文科，译.北京：教育科学出版社，1996：76.

不仅是一种手段（如达到技能、经济目的等），也是获得幸福的目的本身，其基础是乐于理解、认识和发现。教育对个人的作用不仅表现在扩大自己的潜力方面，还应该表现在获得对外界的选择和判断能力方面。在这方面，报告指出："教育的首要作用是使人类有能力掌握自身的发展。教育应当促进每个人的全面发展，即身心、智力、敏感性、审美意识、个人责任感、精神价值等方面的发展。应该使每个人尤其借助于青年时代所受的教育，能够形成一种独立自主的、富有批判精神的思想意识，以及培养自己的判断能力，以便由他自己确定在人生的各种不同的情况下他认为应该做的事情。"在21世纪，"教育的基本作用，似乎比任何时候都更在于保证人人享有他们为充分发挥自己的才能和尽可能牢牢掌握自己的命运而需要的思想、判断、感情和想象方面的自由。"①

总之，学会生存要求更充分地发展自己的人格，并能以不断增强的自主性、判断力和个人责任感来行动。正如这份报告所指出的："未来的学校必须把教育的对象变成自己教育自己的主体"，而"受教育的人必须成为教育他自己的人"。孙云晓正是在这个意义上挑战传统的教育观，挑战"应试教育"，因为原有的教育观点和教育方法没有"尊重儿童的生命状态"，也没有尊重儿童的个性。在他看来，发现和理解儿童不是为了更有效地用成人既定或僵化的标准来教育儿童，而是为了更好地"尊重儿童的生命状态"。他针对父母们的各种不尊重儿童发展需求和个性的"强为"现象，倡导"父母无为乃大为"，提出"教育的核心不是传授知识，而是培养儿童的健康人格"。

我曾参加央视《实话实说》中的一个关于动画片的节目，当主持人问孩子们为什么喜欢看动画片时，许多孩子一齐拉长声说"受——教——育"。孙云晓曾将这类现象概括为"集体失语"。孩子们按照统一的成人的标准

---

① 联合国教科文组织.教育——财富蕴藏其中[M].联合国教科文组织总部中文科，译，北京：教育科学出版社，1996：85.

塑造着自己，结果失去了自己。教育应该使每个人发现自己，发展自己的潜能，并对自己影响、控制环境的能力感到越来越自信，而不是相反。教育不是机器，儿童也不是批量生产的产品。

多年来，孙云晓挑战了无数在大家看来非常正常的教育方法，提出了许多与其相反的教育观点，诸如："向孩子学习""教育孩子的前提是了解孩子""没有信任就没有教育""'听话'儿童可能是问题儿童""教子应有平常心""为确保小学生10小时睡眠而奋斗""让孩子对自己的过失负责""给孩子自由支配的时间，人的幸福离不开自由的选择""世上没有坏孩子""考试分数应当成为学生的隐私""没有秘密的孩子长不大""让每个孩子都体验成功""儿童教育从体育开始""孩子没有朋友比考试不及格更严重""好的关系胜过许多教育""没有尊重的爱是一种伤害""父母要做童年的捍卫者""要像保护眼睛一样保护孩子的创造精神""让孩子成为他自己""打开孩子身上的枷锁""教育就是唤醒孩子心中沉睡的巨人""让每个孩子都有梦想"，等等。以上罗列的只是其中一小部分。这些观点，并不是煽情的口号，孙云晓用事实论证了这些新的观点比传统观念更有益于儿童的幸福生活和健康发展，并针对每一个观点，为教师和儿童父母提供了如何具体实行的建议。

现在看来，这些观点已为大多数人所接受，但有些观点在刚提出时遇到了甚为激烈的质疑和反对，例如"考试分数应该成为学生的隐私"等。这也就是为什么我要把孙云晓的做法称作挑战的原因。1997年，我曾在孙云晓主编的杂志《少年儿童研究》上发表了题为《儿童的权利》的文章，尽管当时中国政府已经签署了联合国《儿童权利公约》达七年之久，但此文还是遭到了"儿童如果有这么多权利，我们还怎么教育儿童"的质疑，并导致某个地区集体退订《少年儿童研究》。当我向孙云晓表示歉意时，他说："这是正常的，这也正是我们工作的价值和意义。"

在我的心目中，孙云晓的形象就是儿童的发现者的形象，也是一个挑战者的形象，一个为了儿童利益而随时准备出发的挑战者。谁都不能保证孙云晓的每一个观点都是正确的，但至少，他的发现和挑战使人们重新思考以往许多看似自然合理但可能束缚儿童发展的观念，由他的这些挑战引发的广泛的社会讨论，产生了许多新的有关儿童教育的观点。《夏令营中的较量》所引发的全国范围内的素质教育大讨论就是一个明证。他的发现和理解儿童的能力，使他始终保持了对儿童问题的高度敏感性，而他与儿童共悲欢的性格则使他似乎命中注定要成为这样一个挑战者。我们的社会实在需要更多像孙云晓这样的发现者和挑战者。

孙云晓是一个研究儿童问题的专家，但他永远真诚地面对自己的长处和短处，既不在他不懂的方面自命为专家，也不盲从专家。他会从他所观察到的有关儿童的社会事实中鉴别专家的看法，尽量用科学的思维方式来思考。他以一颗赤子之心尊重科学和有经验、有思想的研究者，并始终对科学研究怀有敬畏之情。

《孙云晓教育作品集》从发现儿童的视角出发，记录了孙云晓自20世纪80年代以来挑战传统教育的过程，对所有关心儿童教育的人来说，这套书都值得一读。

卜卫，中国社会科学院新闻与传播研究所教授、博士生导师、媒介传播与青少年发展研究中心主任

前言

养成阅读习惯 50 多年了，我每读到一本书，脑海中都会跳出这样几个问题：作者是什么样的人？他为什么写这本书？他会怎样写这本书？如今，这一套新版《孙云晓教育作品集》出版了，或许读者朋友也会有一些类似的问题，作为作者，我愿意如实回答读者朋友的疑问。

我在青岛一个工人家庭长大，11 岁（1966 年）养成阅读的习惯，并开始顽强而持久的文学梦。1973 年，17 岁的我走上教师岗位，担任青岛市某区的少先队总辅导员，1978 年被推荐进入中央团校学习。没想到，结业后我被团中央调入《中国少年报》做编辑和记者，9 年采写儿童的实践让我产生了研究儿童的强烈愿望。于是，1987 年，我主动调入中国青年政治学院青少年研究所，1991 年转入中国青少年研究中心，专职做少年儿童研究 28 年，主持了"习惯养成""中美日韩中小学生比较"等许多研究课题。2015 年退休至今，先后在中国教育学会家庭教育专业委员会、中国家庭教育学会、教育部家庭教育指导专业委员会等机构任职，专门做家庭教育研究。到 2023 年 1 月，我做儿童教育整整 50 年。

在做儿童教育的后 30 多年，我越来越关注家庭教育。《孙云晓教育作品集》收入的 5 本著作正是聚焦于我特别关注的五大问题。

第一本是《教育的魅力在生活》。家庭教育究竟是什么样的教育？或者说，什么样的家庭教育最有利于孩子的成长？2016年12月，中国教育三十人论坛邀请我做讲演，我发表了《新家庭教育宣言》，并在《中国教育报》刊出。我的一个核心观点是家校合作的方向不是把家庭变为学校，而是要让家庭更像家庭，因为家庭教育的本质属性是生活教育，越有魅力的家庭生活越有利于孩子的发展。2016年，首都师范大学聘请我担任该校家庭教育研究中心特聘教授，随后担任两届家庭教育方向硕士研究生的导师，我带领研究生宿金金、梁丹及往届研究生卢宇等人，专门进行了家庭生活教育方面的研究，并发表了系列成果，本书也选用了当时的部分研究成果。2021年10月23日，第十三届全国人大常委会通过了《中华人民共和国家庭教育促进法》，将"道德品质、身体素质、生活技能、文化修养、行为习惯"确定为家庭教育的核心内容，这是对家庭生活教育的完整概括，也改变了长期以来家庭教育沦为学校教育附庸的扭曲地位。经过几年的用心积累，我撰写了《教育的魅力在生活》一书。特别感谢著名家庭教育研究者洪明博士认真阅读本书并作序，从"家庭生活教育要义"的高度深刻论述了生活教育的核心内容及相互关系，可谓高屋建瓴、言简意赅。然而，时至今日，家庭生活教育依然被严重忽视，相信《教育的魅力在生活》一书自有其特殊价值。

第二本是《孩子需要理性爱》。2021年11月3日，《人民政协报》第9版"教育在线周刊"发表我的长篇文章，题为《新时代，如何做强大的父母》，引起强烈的反响。我为什么提出这样一个问题，因为今天的青少年儿童被称为强国一代，没有强大的父母，怎么可能有强大的一代？父母们不应该总是被指责、被训斥，而是需要得到更多尊重、支持和帮助。我提出："只要做到陪伴、榜样、发现、尊重、支持、成长，就是好父母，就是强大的父母。"多年前，我与研究团队曾经总结出一个规律性的发现：父母能否教育好孩子不是取决于学历、收入和社会地位，而是取决于教育素养，即教育理念、教育方法和教育能力三个要素。经过沉淀和思考，我发现所谓强大的父母是理性的父母，因为孩子成长最需要理性的爱。《孩子需要理性爱》一书，是我对新时代父母教育素养的最新思考与核心建议。

第三本是《良好习惯缔造健康人格》。在中国青少年研究中心工作多年，我养成一个习惯，即习惯于以研究为基础来讨论问题，本书正是基于本人连续十年主持教育部关于儿童习惯与人格关系研究的国家课题而写成。如美国著名的人格心理学家奥尔波特所说，人格是决定人的独特的行为与思想的个人内部的身心系统的动力组织。需要、动机、兴趣、理想、价值观和世界观等人格倾向性，影响着能力、气质和性格等人格心理特征。我们在北京十一所小学开展的为期一年的实验研究表明，良好习惯的养成有助于健康人格的发展。习惯的养成一般要经过暗示、惯常行为和奖赏三个环节，其中奖赏包括内心满足和成功体验，决定了惯常行为能否养成习惯。我们的研究发现，习惯是由被动到主动再到自动的过程，而习惯养成需要经过六个步骤，即激发动机、明确规范、榜样教育、持久训练、及时评估、形成环境。当然，好习惯的养成是人的解放而不是枷锁，所以，习惯的养成需要尊重儿童的主人地位和权利。《良好习惯缔造健康人格》一书有两个特色：一是突出了习惯养成与人格培养的关系，二是从多角度提供了习惯养成的策略与方法。

第四本是《文化反哺呼唤共同成长》。本书原名《向孩子学习：一种睿智的教育视角》，也是基于本人主持的中国青少年研究中心相关课题，并感谢康丽颖教授和受访专家及课题组其他成员的贡献。当代的父母与教师会经常发现，信息时代动摇了成年人的权威地位，青少年儿童身上有许多新品质与新能力影响着成年人的生活，而这就是文化反哺或后喻文化的鲜明特征。《中华人民共和国家庭教育促进法》倡导的9种家庭教育方法之一，即"相互促进，父母与子女共同成长"，可以视为《文化反哺呼唤共同成长》的主题。显然，父母依然是孩子的教育者，甚至是家庭教育的主体责任人，但如果能够敏锐地发现孩子的优点并真诚地向孩子学习，将会获得更为亲密的亲子关系，取得良好的教育效果。师生关系同样如此。

《文化反哺呼唤共同成长》有三个特色：一是转变观察儿童的观念与视角，二是倾听孩子心灵深处的声音，三是提供许多与孩子共同成长的方法。

第五本是《梦想是成长的发动机》。本书是我第一次与大家分享的"私房菜"。我从15岁（1970年）开始坚持写日记，至今已经有50多年了。本书将50多年的若干日记浓缩为250余篇，并伴以多篇回忆和分析的文章，让读者朋友看到本人真实的成长轨迹。人生看似杂乱无章，甚至充满了意外，实际上是有规律可寻的。在《孩子需要理性爱》一书中，我两次引用飞向太空的宇航员刘洋2022年6月给孩子的信，她的感悟很深切："人生一定要有梦想，那将是你生命中的光，心中有梦想，生活中就有光，即使身处黑暗，即使身处困境也总能看到方向，那束光将引导你走出泥淖，走向万丈光芒。"我年近七旬，回首往事时，最惊讶的是少年时代养成的阅读、写作和讲演三个习惯改变了我的命运，而最重要、最强大的内驱力就是文学梦和教育梦。所以，我以《梦想是成长的发动机》命名本书。北京师范大学心理学家陈会昌教授坚持24年跟踪200多名孩子的成长经历，最终发现是主动性、自控力和情绪稳定性起了关键作用，而这"三颗种子"是健康人格的核心要素。我用半个多世纪的成长体验证明，主动性就像引擎一样，需要人生理想或梦想的熊熊燃烧提供巨大的动力。从某个角度来说，《梦想是成长的发动机》以个案的方式，印证了《良好习惯缔造健康人格》一书的结论，证明良好习惯成就幸福人生。父母们如果能够引导孩子养成三到五个重要的好习惯，就是最好的教育，最理性的爱，自然也是给予孩子终身受益的珍贵礼物。

前面说这是新版的《孙云晓教育作品集》，莫非还有旧版？是的，早在2007年，江苏教育出版社曾经出版了一套《孙云晓教育作品集》，其中包括《教育的核心是培养健康人格》《教育就是培养好习惯》《捍卫童年》《教育从尊重开始》《与孩子一起成长》《唤醒孩子心中沉睡的巨人》等。当时，我在前言里写下"作者的话"："我叹服江苏教育出版社的非凡胆识，是他们说服了我，并付出艰辛劳动，才使我的第一套教育作品集问世。"

这是我从事儿童教育 34 年的一个总结，尤其是代表了我专职做少年儿童研究 20 年的主要收获。我还特别写道："当一种思想或理论提出的时候，最好的结果不是被赞颂而是被讨论或争鸣。这就需要立论者回应，并适当修改自己的思想或理论，从而给社会留下真正的财富。从这个角度看，任何人的作品集都应当尽可能在头脑清醒时出版。"

转眼 16 年过去了，在头脑非常清醒的状态下，我完成了新版的《孙云晓教育作品集》，虽然目前只有 5 本，却是经过长期积淀后的新思想、新总结，尤其是对于家庭教育规律与特点的新认识和新观点，也是对广大读者与同行朋友反馈的用心回应，自认为新版质量远胜于旧版。

2022 年是《中华人民共和国家庭教育促进法》实施元年，这是一个伟大事业的新起点，自然有太多的问题需要探索。我殷切希望新版的《孙云晓教育作品集》能够给予父母与教师朋友切实的帮助，并有益于学校、家庭、社会协同育人的和谐发展。

孙云晓
2023 年 12 月于北京云根斋

目　录

序一　家庭生活教育要义（洪明）/ 001
序二　一位跨世纪新教育的忠实守望者（陆士桢）/ 005
序三　孙云晓：童年的捍卫者（卜卫）/ 010
前言 / 001

第一章
习惯养成重在健全孩子健康人格

> 如果你养成了好的习惯，你会一辈子享受不尽它的利息；如果你养成了坏的习惯，你会一辈子偿还不完它的债务。坏习惯会以它不断增长的利息，让你美好的人生破产！

第一节　家庭教育面对的挑战与希望 / 003
第二节　什么是健康的人格 / 012
第三节　习惯与人格的关系 / 019
第四节　习惯养成的重点内容 / 029

第二章
儿童教育就是培养好习惯

> 科学大师爱因斯坦说："什么是教育？当你把你受过的教育都忘记了，剩下的就是教育。"什么是忘不掉的？习惯就是忘不掉的。

第一节　训子千遍不如培养一个好习惯 / 039

第二节　良好习惯成就幸福人生 / 043

第三节　培养良好的习惯从小开始 / 049

第四节　培养孩子养成按规则做事的习惯 / 053

第三章
良好的学习习惯比高分数更重要

> 认知需要是最重要、最稳定的学习动机和内在动力。换句话说，孩子只要爱学习就有希望，而且爱学习的孩子才能体验到学习的快乐，才能够持久地学习。

第一节　爱学是万善之源，厌学是万恶之源 / 059

第二节　培养四个基本的学习习惯 / 066

第三节　带孩子走研究型学习之路 / 078

第四节　学习中，养成专注的习惯更重要 / 081

第四章
养成读书习惯等于在心里装了一台成长的发动机

> 我用 50 多年的人生体验总结出一句话：养成读书习惯等于在心里装了一台成长的发动机，会影响孩子的一生。有读书习惯的人一辈子不会感到寂寞，没有读书习惯的人经常会不知所措。父母要成为孩子的榜样，将学习和读书视为一种享受和快乐。

第一节　养成爱读书的习惯终身受益 / 094

第二节　读万卷书，行万里路 / 100

第三节　不同年龄的孩子读不同的书 / 104

第四节　让孩子在读书中感受成功 / 107

第五节　培养孩子良好的读书习惯 / 112

第五章
重视生活教育，养成良好习惯

北京师范大学 2018 年曾发布一个全国家庭教育调查报告，其中在回答"你最需要的是什么"时，18 万中小学生的回答中，排第一位的是"有温暖的家"。这就表明了家庭关系、家庭生活对孩子成长的重要性。其实，手机管理、阅读管理、健康管理……都和生活状态密切相关。

第一节　有温暖的家就是良好的家庭教育 / 119

第二节　养成劳动习惯让孩子终身受益 / 122

第三节　培养孩子热心公益的习惯 / 126

第四节　理性消费应该成为一种习惯 / 132

第五节　让关爱成为一种习惯 / 140

第六节　没有责任心的孩子长不大 / 146

第六章
养成良好的运动习惯是儿童社会化的有效途径

"运动是儿童社会化的有效途径。"我赞成毛振明教授的这一观点，并希望父母与教师们深思。研究表明，小时候不爱运动的人，长大了也很难热爱运动，而不爱运动的人，生命质量自然会下降。

第一节　培养孩子成为体育人 / 153

第二节　儿童教育特别重视体育 / 158

第三节　解放学校才能解放孩子 / 161

第四节　多运动的孩子更安全 / 165

第七章
培养良好习惯要遵循科学的原则

> 孩子养成好习惯是孩子自己的事情，父母或教师不可越俎代庖，也不可靠命令行事。只有孩子真正成为自己的主人，愿意接受父母或教师的指导帮助，才能克服重重困难，实现美好的目标。

第一节　培养良好习惯首先要尊重儿童权利 / 175
第二节　培养好习惯要以健康人格为导向 / 184
第三节　践行三大职责，培育"三颗种子" / 189

第八章
培养良好习惯的六个步骤

> 习惯对于人格的培养和优化能起到重要的作用，而习惯的培养也有着科学的方法和步骤。

第一节　激发动机，让孩子在快乐的体验中养成好习惯 / 195
第二节　明确规范，从规范行为习惯做起 / 200
第三节　榜样教育，让孩子的习惯养成获得支持性力量 / 206
第四节　持之以恒，让孩子养成稳固的习惯 / 208
第五节　及时评估，好习惯用加法，坏习惯用减法 / 212
第六节　环境影响，培养孩子良好习惯要从父母做起 / 217

附录　孙云晓个人著作目录 / 223

后记 / 227

第一章
习惯养成重在健全孩子健康人格

如果你养成了好的习惯，你会一辈子享受不尽它的利息；如果你养成了坏的习惯，你会一辈子偿还不完它的债务。坏习惯会以它不断增长的利息，让你美好的人生破产！

第一节　家庭教育面对的挑战与希望

毫无疑问，家庭教育会影响孩子的一生。相信绝大多数父母都非常重视对孩子的家庭教育，但没有任何一个时代的教育问题像今天这么复杂和严峻，让父母面对诸多前所未有的问题。为什么今天教育孩子会如此困难呢？至少有以下四个方面的原因值得引起重视和认真分析：

一、信息时代动摇了成人的权威地位

网络作为一种信息沟通工具和渠道，从未像今天这样对孩子的生活和学习产生巨大的影响。对于许多父母来讲，网络只是工具；但对这一代孩子来讲，网络就是生活。随着手机、电脑、电视等通过网络的相互连接，这些孩子一出生，就身处一个无所不有的网络世界。

对于孩子而言，数字化生存是他们从小就开始的生存方式。孩子的生活和成长已经离不开网络，但是过度依赖甚至沉迷网络可能会导致成长危机，所以如何指导孩子用好网络媒介是一个极为重要的教育问题。

国外有专家把新生代的孩子（包括年轻的父母）叫作"网络原住民"，因为他们出生在一个网络世界里，从小就接触和使用各种电子产品。而很多在网络时代之前成长起来的父母却像是"网络移民"，他们更多是为了适应现代生活和工作的需要，才被动地学习和接触各种新媒介。

所以，从来没有一个时代的孩子像今天这样难教育，因为信息时代动摇了父母和老师的权威地位。孩子现在可以通过网络知道他想了解的各种信息，而不会像以前的孩子那样对父母说的"你是从垃圾桶里捡来的"之类的言论将信将疑。现在的父母也不会像以前的父母那样骄傲地对孩子讲"我吃的盐比你吃过的米都多，我过的桥比你走的路都多"。早在1995年，

我在巴黎出席"明日青少年与媒介"国际论坛时，几百个专家达成一个共识：在计算机时代，成年人心怀恐惧，疑虑重重，而青少年无所畏惧，满怀欣喜地往前走。

二、少子女现象带给教育的挑战

从历史发展的角度看，独生子女群体的出现对缓解由于人口过度增长给社会资源和自然资源带来的压力起到了促进作用，但是大批的独生子女的确带来了一系列成长中的问题。如今，中国已经推出鼓励生育二孩和三孩，但总体而言，我们依然处于少子女时代。

社会心理学的一种观点认为，孩子像病人，父母像医生，兄弟姐妹像护士。意思是，病人要经常跟护士在一起，护士料理他们的日常生活。现在缺少护士，只有病人和医生，医生很忙，顾不上病人。独生子女要求父母既是他们的父母，又要成为他们的兄弟姐妹，要陪着他们玩，可是父母们没有充分的准备，似乎也缺乏足够的时间与能力，这就带来了很多困扰。

鼓励生育二胎和三胎的政策对于儿童教育有积极意义。在多子女时代，当父母给孩子任何东西时，孩子的第一个反应可能是想一想自己的兄弟姐妹有没有这样东西，这就会让孩子学会平衡，而不能独占。但是独生子女不需要考虑这个问题，因为父母所给他们的肯定是最好的并且是可以独享的东西，天长日久，孩子很容易形成以自我为中心的心理特点。

1996—1997年，中国青少年研究中心进行"中国城市独生子女健康人格与教育"的课题研究，我和卜卫教授在主持调查研究中发现，中小学时代的独生子女人格有五大优点，即充满自信、乐于助人、渴望友谊、积极寻求发展、兴趣广泛；独生子女人格也有四个缺陷，即在克服一定困难以取得某项成就方面的动力较弱、在伙伴交往中容易伤害别人、在勤劳节俭方面表现较差、缺乏学习兴趣。在伙伴交往中容易伤害别人的缺陷，体现了多数独生子女都有的不同程度的攻击性需要，这种需要不是打人、骂人，而是不太在意别人的感受，说话、做事容易伤害别人，因为他忽略了别人的感受，而有兄弟姐妹的孩子大多会比较注意别人的感受（如果希望了解更多有关该项独生子女人格的研究，请参考孙云晓、卜卫等著的《如何培养儿童的健康人格》，2016年6月江苏凤凰教育出版社再版）。

三、孩子性发育提前，而性教育滞后

当许多父母与老师还在纠结性教育难的时候，权威性的调查报告告诉人们：超过4成的高中生已经有过恋爱经历。2018年7月，上海社科院社会学研究所课题组发布了《北上广大城市青少年性健康最新调查报告》。该报告认为，青少年的性生理成熟"前倾"趋于平缓，性心理日益开放、包容度提升，性行为发生率有所增加，性知识掌握存在不足，性教育有所提高，但仍缺乏科学化、系统化的学校性教育。上海社会科学院社会学研究所课题组联合中国青少年研究中心少年儿童研究所、广州穗港澳青少年研究所等，在全国范围内开展了针对15~24岁青少年的大规模调查，得出上述结论。

本次对北京、上海、广州三城的调查共收集了有效样本5338份，其中初中生1486份、高中生1716份、大学生2136份。本次调查显示，男生的首次遗精平均年龄为13.44岁，女生的月经初潮平均年龄为12.50岁。

调查显示，认同性是"快乐"和"美好"的青少年比例是58.0%和58.2%，而不认同的比例为5.1%和5.5%；有64.3%的青少年认同性是一种"责任"，不认同的比例为6.9%。

调查表明：中学生中有约四分之一（26.3%）的人已经经历了人生的初恋。初中生中有过恋爱经历的比例为10.6%，高中生中有过恋爱经历的比例为42.3%。这表明，高中生恋爱已成为较普遍的现象。

正确的性知识的获取是保证青少年性健康的基础。本次调查发现：青少年获取性知识的最主要来源是朋友和同学，占总体比例的四分之一（26.1%）；通过父母获取性知识的青少年比例为14.9%；通过学校课程获取性知识的青少年比例为9.5%。值得注意的是，网络正成为青少年获取性

知识的重要途经,本次调查显示,有12.1%的青少年从网络(包括社交软件)获取性知识。

对于孩子有关性方面的问题,父母态度如何?

调查显示,相比父亲,母亲更愿意正面回应孩子的性困惑。其中,会正面回答(圆满解答+有选择地作答)的父母亲比例分别为59.1%和63.6%,而不做正面回应(避而不答+不但不答,还要训斥)的父母亲比例为34.8%和28.6%,另有6.2%的父亲和6.1%的母亲无能力回答孩子的性疑惑。

调查团队呼吁,为了青少年一代的健康成长,学校和家庭、社会携手共建系统的青春期性教育体系已刻不容缓。

与孩子性发育提前相比,中国的性教育却没有得到相应的重视,特别难以适应信息化的时代。而信息化对家庭教育和学校教育而言又是一个全面而深刻的挑战。

早在2007年,CNET发布的数据显示,每天有大约2万张色情图片进入互联网。中国青少年网络协会发布的2012年《中国网民安全上网研究报告》显示,18岁以下的人群接触过色情信息的比例为38%,约15%的未成年人在遇到色情网页后会进入浏览。

根据2012年12月9日《生命时报》报道的数据:63.42%的中国青少年从三级片或成人网站获取性知识,25.88%从书籍上获取。有调查显示,中国父母中,只有26%的人主动与孩子谈过性话题,而且很少涉及性心理、避孕等。

从2008年到2011年6月,广东共发生1708件女童被性侵案,占女童受害总案件数的75.34%,被害人中,14岁以下女孩占了一半。很多孩子是在无知中遭受侵犯,她们连哪些是隐私部位都不清楚。

北京一项针对453名小学四、五年级学生的调查显示,仅有24个人能正确指出全部隐私部位,包括胸部、排尿部位、臀部、生殖器官。在我和张引墨合著的《藏在书包里的玫瑰》一书中,有对十几个有性行为的中学生的深度访谈。分析结果发现:他们当中半数以上都是学校公认的好学生;

1/3 来自于名校；他们第一次发生性行为百分之百不采取任何安全措施；他们发生性行为的事实百分之百不告诉父母和老师，父母和老师往往是最后知道这件事的；他们对家庭和学校的性教育百分之百不满意。由此可见，性问题的挑战是很严峻的。

四、应试教育带来了巨大的压力

应试教育使中国的父母和孩子饱受折磨，也导致了许多教育问题，其中一个就是"幼儿教育小学化"。2012年10月15日，教育部网站公布了《3-6岁儿童学习与发展指南》，给学前儿童的健康、语言、社会、科学、艺术五个领域的成长设定了一个"阶梯"状的标准。教育部为什么制定这样一个标准？一个重要的原因就是中国幼儿教育"小学化"的现象日趋严重。

2013年2月22日《人民日报》报道了一份2013年北京市某幼升小学前班的课表，让许多成年人看后咋舌。除了识字阅读、口算、英语、国学、音乐、美劳等项目，还包括彩泥、钢琴陪练、魔术、视唱练耳、右脑记忆训练等多种课后班内容。据说，这些孩子还要经过专门测试之后，才有机会接受"魔鬼式学前训练"。

当代教育名家、华东师范大学叶澜教授认为，在接受不适合的教育时，孩子们在心理上普遍趋向被动、应付，只能单纯地灌输式接受，重则表现为焦虑、退缩、缺乏自信，最终可能导致思维的混乱和创新能力的丧失。

过大的学业压力导致"鸡娃"现象突出，值得父母朋友三思。2022年8月2日，北京青年报北青网发表记者张子渊采访5个鸡娃成人的故事，题为《鸡娃成人了，他们过得怎么样？》。其中关于章寒的部分题为《被鸡到"窒息"，大学毕业前夕走向失控》，该"鸡娃"总花销约200万。章寒出生于国内一线城市，3岁到日本上幼儿园，回国在国际学校完成中小学学业，大学就读于日本顶尖私立学校。大学三年级下学期，面对毕业论文和求职的压力，章寒的负面情绪达到顶峰："为什么我要做不喜欢的事？为什么我的一生都在痛苦地做不想做的事？如果不快乐，我活着的意义是什么？"当她告诉母亲，自己被精神科医生诊断为抑郁症，并打算休学，母亲却担心她无法找到满意的工作。这一次，章寒在电话里用颤抖却坚定的声音说："这不是和你商量，而是告知。"在一条有关"鸡娃"的网络讨论帖下，章寒留言："我觉得我被'鸡'得人生无望，活着真的没意思。我内心希望世界上没有'鸡娃'父母存在，这样不幸的孩子就会少一个。"

中国科学院心理研究所发布的《中国国民心理健康发展报告》（2019—2020）披露了一个令人忧虑的数据：全国中小学生存在不同程度抑郁症状的总体比例超过24%。

导致中小学生产生诸多心理问题往往与孩子的童年恐慌有关，而童年恐慌就是儿童因为面临巨大的压力，不能理解，不能承受，而产生的一种较为强烈、较为持久的焦虑心态。

当然，我们既要看到以上的困境与挑战，更应该看到，欣逢盛世，成长有望，当代青少年儿童是强国一代。2021年7月1日，在庆祝中国共产党成立100周年的大会上，少先队员和共青团员代表发出"请党放心，强国有我"的铮铮誓言。这是一个标志性的事件，"强国有我"成为一代青少年儿童的强烈心声。

我在中国青少年研究中心工作近30年，习惯了用事实和数据说话。我们曾经连续十几年在做中美日韩中学生的比较研究，就用最新的数据来看中国高中生的心态，来比较四国的中学生。据2022年7月14日《中国青年报》报道，"中美日韩高中生疫情下的生活"调查表明：中国高中生对未来最有信心。94.6%的受访中国高中生认为"为了将来，学习很重要"，明显高于美日韩高中生。近九成（88.5%）中国高中生表示"对自己的将来抱有希望"，七成（71.1%）表示"自己未来的目标已确定"，均明显高于美日韩高中生。另外，对于"对自己的将来感到不安"这一描述，中国高中生表示符合情况的比例明显低于美日韩高中生，相差30多个百分点。由此可见，中国高中生对未来更有信心，大多有明确的目标，愿意为了将来努力学习，也比较能够接纳现实。

与2016年中美日韩高中生对未来目标的比较研究发现，和疫情前相比，中国高中生对未来目标的期待均有提升，其中上升比较显著的是希望考入有名大学、为社会做贡献、当带头人或领导，分别提升了10至11个百分点。日本高中生在大多数目标上的比例也有所上升，尤其是希望获得高收入、当带头人或领导的比例，分别提升了约8个、3个百分点，而希望考入有名的大学、希望获得高的社会地位的比例，则分别下降了约6个和3个百分点。美国高中生对所有未来目标的期待均有所下降，下降幅度比较大的是希望考入有名大学、获得高的社会地位、当带头人或领导，比例分别下降约8、10、5个百分点。韩国高中生对所有未来目标大多数选项的选择比例均呈下降趋势，下降幅度比较大的是为社会做贡献，比例下降了9个百分点。

从以上系列数据可以看出，中国的青少年不愧是强国一代，虽然面对各种各样的困扰与压力，他们依然是有信心、有目标，更有奋斗精神的一代新人。毫无疑问，中国式现代化建设将为年轻一代提供前所未有的广阔机遇，而他们奋发向上的状态与中国式现代化建设是完全契合的，他们将逐渐成为中国式现代化建设的生力军和主力军。

从以上分析能够看出，今天的家庭教育和学校教育的确面临着前所未有的复杂环境，同时，青少年儿童一代具有自信自强的时代特点，许多新的课题需要父母与教师进行理性研究和实践，这样才可能有效地做好对孩子的教育和引导。值得注意的是，家庭教育的本质特点是生活教育，我们不能把家庭教育学校化，家校合作的方向不是把家庭变成学校，而是让家庭更像家庭，家庭越是具有魅力，越有利于孩子成长。为此，我发表过《新家庭教育宣言》，倡导捍卫家庭、捍卫童年、推进生活教育，让家庭教育回归与创造美好的生活。

后面，我们从良好习惯缔造健康人格的角度来分析如何做好家庭教育。

孙云晓
生活感悟

1. 网络传播太惊人了！2020年的一个晚上，我应邀做线上视频课直播，讲解《疫情防控期间父母如何培养孩子养成好习惯》，在线人数竟然超过20万！讲了几十年的课，哪有如此之大的课堂？教育家说，家庭是习惯的学校，父母是习惯的老师。在中国青少年研究中心工作期间，我有幸主持过10年习惯研究的国家课题，并在喜马拉雅开设48集音频课《9个好习惯成就孩子一生》，同时出版同名书籍。直播课中，我结合鲜活案例讲道理，提出具体建议，特别倡导养成讲究卫生、喜欢阅读、勤于写作、用好媒介等重要习惯。这些既是研究的成果，更是我自己的深切体验，可谓肺腑之言。完全可以相信，良好习惯有助于缔造健康人格，养成好习惯将使孩子终身受益。

2. 虎妈的女儿进入名牌大学，并不能证明其教育是科学的或是完美的，因为良好的教育一定是促进人格健全，而这需要以自由幸福的童年为基础。家长面对孩子的童年时代，应既理解尊重又严加管教，当孩子进入青年时代，则应尊重和放手，这才是较为合理的教育。许多失败的父母恰恰相反，该管并且好管的时候（10岁之前）不管，该尊重和放手的时候，却又管头管脚，岂有不败之理？

3. 2022年10月，我在上海陪伴23个月的小外孙，发现他经常说"要"和"不要"，以此表达自己的选择，态度有时很固执。有一天，妈妈和他商量请小朋友聚会的安排，他认真地点头或摇头表达自己的意见。陈默老师有多年的心理咨询经验，与她交流时她说，自80后独生子女开始，一代孩子普遍被当作宝贝，得到了前所未有的关爱和尊重，但当他们进入幼儿园和学校，老师们可能并没有做好充分准备，"不匹配"的状况导致许多矛盾发生。我想，许多父母也是"不匹配"的，孩子一天天长大，自尊与权利意识十足，而父母缺乏足够的尊重观念。由此可见，无论是父母还是教师，都需要意识到这个历史性的变化和严峻的挑战，应学会尊重儿童的人格尊严与基本权利，真正做一个对儿童友好的引领者。当然，教育不能走极端，引导孩子遵守规则、健全人格，依然是对孩子一生幸福真正负责的教育使命。

第二节 什么是健康的人格

一个孩子乐观自信，不怕失败，活跃而有创造力，我们会说"这个孩子具有健康人格"；若一个孩子没有安全感，常常自卑，或常主动攻击他人，我们会说"这个孩子可能有人格障碍"。美国人格心理学家奥尔波特这样定义"人格"："人格是决定人的独特的行为和思想的个人内部的身心系统的动力组织。"

一、什么是人格

人格是心理学中探讨完整个体与个体差异的一个领域。心理学不同研究领域对人格的看法有很大差异。在北京师范大学教授彭聃龄主编的心理学教材《普通心理学》中，将人格的心理学概念定义为："人格是构成一个人的思想、情感及行为的特有模式，这个独特模式包含了一个人区别于他人的稳定而统一的心理品质。"北京师范大学教授高玉祥在《健全人格及其塑造》一书中指出："心理学研究表明，一个人的完整人格，包括人格心理特征和人格倾向性两个方面。人格心理特征又包括能力、气质和性格，它们表现在人们活动效率和活动风格方面的差异上。人格倾向性包括需要、动机、兴趣、理想、价值观和世界观，它们制约着人格心理特征。"

为了总结"中国城市独生子女健康人格与教育的研究"课题成果，我们出版了《如何培养儿童的健康人格》（江苏凤凰教育出版社2016年6月出版）。其中，关于人格的文献研究，关于儿童人格的测量与描述等内容，卜卫教授做了较为详细的介绍，在此我结合一些典型案例来分享和讨论。

人格是一个很学术的名词，但实际上，我们可以在日常生活中随时随地观察到"人格"。一个孩子乐观自信，不怕失败，活跃而有创造力，我们会说"这个孩子具有健康人格"；若一个孩子没有安全感，常常自卑，或常主动攻击他人，我们会说"这个孩子可能有人格障碍"。简单地说，每个人的行为、心理都有一些特征，这些特征的总和就是人格。人格特征可以是外在的，也可以是隐藏在内部的。

由于人格是多层次、多侧面复杂特征的整合，不同流派的人格理论往往从不同角度来考察人格，重点分析和解释的领域也不尽相同。不过在以前诸多特质理论的基础上发展起来的"人格五因素模型"在人格研究中占主导地位，在心理学领域产生了相当广泛的影响，得到了学术界的普遍认可。

人格五因素模型认为人格可以划分为五个维度：情绪性、外向性、宜人性、开放性、谨慎性。具体见表1。

表1 人格五因素模型各维度特征描述

人格维度	特点描述
情绪性	主要概括了容易引发诸如恐惧、悲哀、愤怒、内疚、厌恶、尴尬等消极情绪的倾向。高情绪性的人容易产生非理性的想法，难以控制自己的冲动，对压力情境更难应付。低情绪性的人往往脾气温和，情绪理性化，比较冷静。
外向性	高外向性的人喜欢社交活动，果断，好交友，活泼健谈，喜欢刺激，乐观，充满活力。低外向性的人则表现得沉默寡言，呆滞。
宜人性	高宜人性的人富有同情心，乐于助人，相信别人的善意。低宜人性的人更自我中心，对他人缺乏信任，敌对，缺乏同情心，喜欢和他人竞争而不愿意合作。
开放性	高开放性的人富有想象力，关注内心感受，欣赏知识和艺术，具有独立的判断能力，敢于质疑权威，容易接受新的伦理和社会观念。低开放性的人自我封闭，循规蹈矩，喜欢固定的生活和工作模式，缺乏创造性思维。
谨慎性	高谨慎性的人目标性较强，意志坚定，行为规范，有责任心，在学业和事业上容易获得较高成就，但也可能出现过于挑剔、强迫性洁癖、工作狂等行为模式。低谨慎性的人并非不了解道德原则，但难将其付诸实践，从而表现得做事粗心，效率低下。

"人格五因素模型"充分说明了人格的复杂性，事实上，人格反映在我们生活中的每个细节。例如，一个孩子经常从学习中感受到快乐，或总想弄明白不懂的问题，我们可以初步判断这个孩子认知需要非常强烈；如果一个孩子不满意自己的学习状况、性格，经常感到别人对自己不重视，或好像自己在各处都不能起作用，我们可以初步判断这个孩子自我接纳程度较低。认知需要被视为健康人格之一，而自我接纳程度较低被视为人格障碍之一。类似这样的研究，都与人格有关。

2012年5月，清华大学的研究生严俊在北京积水潭桥附近的护城河跳河自杀，引起社会广泛关注。

严俊是村里唯一考上清华的孩子，而且本科毕业后直接被保送为研究生，父母都盼着严俊毕业后找个好工作，却不料等来的是这个噩耗。

严俊为什么自杀呢？原来严俊性格内向，喜欢独来独往，缺乏与人沟通的技巧，把什么事都埋在心里，但由于学习成绩好，父母和老师都觉得这不是什么问题。直到有一天，同学发现严俊出现了精神紊乱的问题，给他父母打电话，才引起了大家的重视。

那时，严俊忙于毕业论文，性情变得越来越诡异，有时会突然冲到操场上大喊，还常向母亲抱怨毕业论文难写，做不出来就无法毕业，自己压力很大。5月4日，严俊在宿舍内拿着剪刀触碰插座试图自杀，但手指被击伤，没有成功。中午严俊被送到医院治疗时，从厕所窗户跳出，离开医院。5月7日被人发现在护城河里溺水身亡。

显然，严俊有着明显的人格障碍，最后酿成了悲剧。这也说明一个孩子拥有健康的人格是多么重要的事情。

二、健康人格的定义

健康的人格对孩子的成长有着决定性的意义，那么什么是健康的人格呢？有许多心理学专家从各方面描述了健康人格的特征，我们来看看他们的描述：

奥尔波特认为：人格是决定人的独特的行为和思想的个人内部的身心系统的动力组织。具有健康人格的人是成熟的人。成熟的人有七条标准：

一是专注于某些活动，在这些活动中是一个真正的参与者；二是对父母、朋友等具有显示爱的能力；三是有安全感；四是能够客观地看待世界；五是能够胜任自己所承担的工作；六是客观地认识自己；七是有坚定的价值观和道德心。

罗杰斯认为：具有健康人格的人是充分起作用的人。充分起作用的人有五个具体的特征：一是情感和态度上是无拘无束的、开放性的，没有任何东西需要防备；二是对新的经验有较强的适应性，能够自由地分享这些经验；三是信任自己的感觉；四是有自由感；五是具有高度的创造力。

弗洛姆认为：具有健康人格的人是具有创造性的人。除了生理需要，每个人都有各种各样的心理需要，这正是人与动物的重要区别。具有健康人格的人将以创造性、生产性的方式来满足自己的心理需要。

弗兰克认为：具有健康人格的人是超越自我的人。超越自我的人，在选择自己的行动方向上是自由的，自由负责处理自己的生活，不受自己之外的力量支配，创造适合自己的有意义的生活，有意识地控制自己的生活，能够表现出创造的、体验的态度，超越了对自我的关心。

三、健康人格的判断

判断儿童是否具有健康人格，可以参考如下问题：

（1）儿童能否专注于学习活动？

（2）儿童是否感到对所学的东西有一种胜任感？

（3）儿童是否是学习活动中的活跃的参与者？

（4）儿童是否有自由感，是否有获得创造性培养的机会？

（5）儿童能否根据自己的成熟程度在一定范围内决定自己的生活？

（6）儿童是否能够创造适合自己的有意义的生活？

（7）儿童是否有能力控制自己的生活？

（8）儿童是否对新的经验有一种开放的态度？

这些方面将在很大程度上决定儿童的人格。我们以更通俗的语言来表述现代社会中儿童所应具有的健康人格，也就是说，一个具有健康人格的孩子至少具有以下几个特点：

能比较客观地认识自我；对外部世界的态度是开放的；对所承担的学习和其他活动有责任感；能充分发挥潜能；对父母、朋友有显示爱的能力；有安全感；喜欢创造；有能力管理自己的生活；有自由感。

孩子拥有健康的人格对他的成长和发展可以起到重要的作用，我们来看下面的案例：

高三学生吴牧天从17岁生日开始，以自我成长为主题，通过每天总结，写出了30万字的自我管理日记，并以此为基础出版《管好自己就能飞》等书，同时还考上了被称为"美国航空航天之母"的普渡大学。他的成功与他拥有健康的人格和自我管理的能力是分不开的。他喜欢的格言是："先是我们养成了习惯，然后是习惯养成了我们。"

最好的管理就是自我管理，这是现代管理学之父彼得·德鲁克的名言，而自我管理就要管好每一天。吴牧天的自我管理日记都写了些什么呢？在父亲的指导下，他每天的日记分为五个部分：一是每天的关键词；二是昨日计划的执行情况；三是每天最大的收获及启示；四是反思错误与教训；五是明日计划。吴牧天的日记体现了自我管理的细节，而每天的坚持让他养成了自我管理的习惯，这些习惯又帮助他形成了健康的人格，并受益终生。

15岁那年，吴牧天还在武汉读书。某天晚上，他被一个陌生的男人用刀子抵住了腰。吴牧天意识到自己被绑架了，他一时很惊慌，却很快恢复了理智，因为他受过自我管理的训练，知道遇事要冷静。在经过一家小饭馆时,他迅速闯入,并且故意打碎饭店里的一摞碗碟。工作人员见状,立即把他扣住,不让他离开,而心虚的劫匪见状只好放弃对他的绑架。吴牧天用机智和勇气帮助自己成功脱身。

吴牧天在结束赴美交流回国时,为了省钱,他买了在加拿大转机的机票,但他没有加拿大签证,所以在机场遇到保安的检查,差一点被粗暴的保安遣返,同行的人都被保安的态度和遣返的可能吓坏了。吴牧天这时想起了父亲关于"要管理好事情,先要管理好心情"的忠告,17岁的他先稳定好自己的情绪,然后要求见保安的负责人,否则将投诉保安恐吓未成年人。在面对相关负责人时,吴牧天详细解释了事情缘由,最终解决了难题。

这样处理突发事件的故事,在吴牧天成长的过程中还有很多次,但每次他都很好地解决了。他认为这些都受益于自我管理。由此可见,良好的习惯与健康的人格有着密不可分的关系。

四、家庭教育对人格的影响

目前心理学界对人格的形成和发展有着基本统一的观点,即先天遗传和后天教养共同决定了人格。

遗传是影响人格心理发展的首要生物因素,也是个体行为习惯养成所必需的基础;某些人格特征本身也带有很强的先天烙印,比如人的性格的内向、外向,情绪的稳定性,这些人格特质深受遗传因素的制约。

除了遗传因素之外,影响孩子人格的重要因素还包括家庭、学校和生活实践(包括人际关系和职业等)。家庭作为影响孩子人格发展的首要后天因素,其中,父母的态度对孩子的人格起着重要的影响作用。例如,根据我们的研究,专制式的家庭教养方式将导致儿童自卑或具有攻击性,民主式的家庭教育方式将大大促进儿童的发展等。

父母的态度对孩子的人格有什么样的影响?北京师范大学心理学教授高玉祥进行了直接对应性的概括,具体见表2:

表2 父母的态度对孩子人格的影响

父母的态度	孩子的人格
支配的	消极的、缺乏自主性、依赖的、顺从的
干涉的	癔症、神经质、被动的、幼稚的
娇宠的	任性、放肆、幼稚、温和
拒绝的	自我显示、冷淡、乱暴的
专横的	反抗的、情绪不安定的、依赖的、服从的
民主的	合作的、独立的、坦率的、社交的……

孙云晓 生活感悟

1. 谈到爱孩子应"为之计深远",如何"计深远"?人们观点不一。有人会说,进大学靠成绩、找工作靠学历,"为之计深远"的关键就是狠抓学习。这其实是一种误解,是被某些表面现象所迷惑。实际上,无论求学求职还是整个人生之路,最重要的是人格健康,而健康人格之基是正确的人生观、价值观和世界观与良好习惯。譬如,养成阅读、写作、运动、负责、劳动、自我管理等习惯,不仅可以促进学习,并且足以受益终身。国内外的研究已证明,坚持做家务劳动的孩子与其他孩子相比,其责任感与独立性以及幸福指数有显著差别。

2. 教育的真正效果需要几十年乃至一生的检验。毫无疑问,生活在某个阶层对人的发展影响巨大,但决定人命运的并非阶层而是教育。说得彻底一些,人格决定命运,而人格往往通过习惯体现出来。这意味着父母最需要提升教育素养,即良好的教育理念、教育方式和教育能力。

第三节　习惯与人格的关系

习惯与人格的关系是相辅相成的。习惯影响人格，人格更会影响习惯。也许可以说，年龄越小，习惯对人格的影响越大；年龄越大，人格对习惯的影响越大。因此，在儿童时期，重在培养良好习惯，就是为健康人格奠定基础。

一、习惯是稳定的、自动化的行为

《现代汉语词典》这样解释"习惯"："习惯就是在长时期里逐渐养成的、一时不容易改变的行为倾向或社会风尚。"

心理学的解释是："习惯是刺激与反应之间的稳固链接。"

从完整的定义来说，"习惯"一词其实涵盖了个体和社会群体两方面的行为特点。心理学研究者更关注个体层面的习惯，它主要是指人们在一定情境下自动化执行或完成某些动作或固定活动模式的需要和倾向，也可以称之为刺激与反应之间的一种稳定的联结，包括自然的反应倾向、自动化的动作和稳定的行为方式。

由此，人的行为可以分为三个层面：第一个层面是在外在要求下的被动反应，是一种完全由意志驱动的行为；第二个层面是内化的主动行为，但它的发起和维持需要意志努力；第三个层面是自动化的行为，很少需要个人的意志努力，甚至是人们无意识觉知、自然触发和维持的行为。可以说，习惯养成是由被动到主动再到自动的过程。

习惯正是属于第三个层面的行为方式，它不但是一个人无须意志执行的自动化的行为，而且会在相应的情境中反复出现，保持相对稳定。习惯有可能是有意练习的结果，也有可能是无意的、多次重复的结果。反复的行为强化和对某些行为的模仿都可能形成一定的习惯。

当然，习惯并非一成不变，人既能在某些情况下自觉地养成某些好的习惯，也可以有意识地改变某些不良习惯。习惯往往是后天环境塑造的结果，人们往往为了规避外界的消极刺激（逃避惩罚），为了获得积极刺激（寻求奖励），也可能是通过社会学习模仿他人行为而形成了一定的行为习惯。

一般来说，我们可以用一个简单的定义来阐述：习惯就是人的行为倾向。也就是说，习惯一定是行为，而且是稳定的，甚至是自动化的行为。我们每个人身上一定有很多好习惯，也可能有些坏习惯。

孔老夫子说得很好："少成若天性，习惯如自然。"意思是，人小的时候养成的习惯，会像人的天性一样自然、牢固。人长大以后所取得的成功、创造的奇迹，很多都是由小时候形成的习惯所支撑的。

爱因斯坦说："什么是教育？当你把受过的教育都忘记了，剩下的就是教育。"科学大师的话充满智慧。真正的教育是忘不掉的，也就是说，一个人碰到事情时，不可能说："等我想想我受过哪些教育，老师是怎么说的，我想想……"那肯定不行，忘不掉的才是真正的素质。什么是忘不掉的？习惯就是忘不掉的。

二、习惯是德育实施的保障

长期以来，德育屡屡因"实效性低"而受人诟病。早在2004年，我就提出了学校教育和家庭教育中的一个难题："德育为何成了一壶烧不开的水？"我曾与儿童心理学博士赵霞合写过同题论文，在《中国教育报》发表。直到现在，我们仍在努力探讨如何解决这一"顽疾"。

德育，简而言之，是培养人品德的教育。品德是一个极为复杂的整体结构，从其所涉及的心理过程来看，道德的发展一般包括道德认知、道德情感、道德意志和道德行为四个方面，也就是我们常说的"知""情""意""行"四要素。一般来说，德育的具体实施可以以任一要素为起点。

心理学研究发现，整个小学阶段是培养道德行为习惯的最佳时期。小学儿童道德行为习惯的发展水平呈"马鞍"形，低年级和高年级较高，中年级较低。低年级儿童的道德行为处于一种依附性很强的"父母和教师的权威"阶段，其行为具有不稳定性；随着儿童独立性和自觉性的发展，中年级儿童可能因破坏了原有的道德行为习惯而导致行为习惯水平下降；到了高年级以后，儿童的道德行为开始具有一定的自觉性和稳定性。

一个人良好的道德品质的形成最终必然落实到优良的外在行为上，衡量德育效果的真正标准，不是看其偶然出现的行为，更不是听其口若悬河的演讲，而是看其是否养成了良好的道德习惯。从这个意义上说，德育的目的，简单地说，就是养成良好的习惯。但在我国传统的德育中，我们比较重视对学生进行道德知识和道德行为的教育，例如"学雷锋见行动"等，以此来提高学生的道德水平。德育的考核也重在考查学生的道德知识和道德行为。这种将德育学科化、知识化和追求行为立竿见影的变化的做法，虽然在某些方面说明了对德育工作的重视，但考虑到德育本身的特点，如果不持之以恒，忽视养成道德习惯的重要性，这样的做法就难以实现德育的真正目标。

长此以往，在某些学生的意识里，道德似乎成了一门知识，靠死记硬背和做几件好事便可以得到高分数或好评；而实际上，道德习惯与他们的道德认识之间存在着巨大反差。这就是知行脱节、知行不一的严重问题。

我有一个形象的比喻：德育成了一壶烧不开的水——水的沸点是100℃，可我们的德育往往在50℃左右就停了下来。例如当孩子认清一个道理并开始做好事了，或者开始守纪律了，人们就以为德育的目的已经达到了，教育已经成功了。事实上，这绝不是德育的最终目的，而只能算是前50℃的教育。它绝不应该成为教育的终点，而应该被视为一个重要的教育过程和契机。抓住孩子偶然出现的道德行为，引导和激励其长期坚持，养成道德行为习惯，这才是德育的真正目标，是德育的后50℃。

自2001年到2010年的十年间，作为中国青少年研究中心研究员和副主任，我一直在主持少年儿童习惯研究课题，即教育部的全国教育科学"十五"规划课题——"少年儿童行为习惯与人格的关系研究"；后5年接着做全国教育科学"十一五"规划课题——"少年儿童自我管理习惯培养及其社会适应的关系研究"。

特别需要说明的是，我们的研究有一个强大的科研团队：全国有几百所中小学和幼儿园参与了我们的研究；中国科学院心理研究所的张梅玲研究员与我共同担任课题组组长；在博士生导师邹泓教授的带领下，北京师范大学心理学院6位博士生深入北京11所小学，进行了为期一年的实验研究，对少年儿童行为习惯与人格的关系做出深入细致的探索。

教育的核心是学会做人，培养一个真正的人，重在培养孩子的健康人格，而想要实现这一目标，特别需要重视培养良好习惯。如果我们不重视习惯养成，德育可能仍会是一壶烧不开的水。

当然，习惯养成并不是简单的事。让孩子培养什么样的习惯？如何培养孩子的好习惯？这些问题的解答首先要涉及习惯与人格两个重要概念，涉及许多复杂的理论与实践的问题。

三、习惯是构成人格的基本成分

中国科学院心理研究所张梅玲研究员对习惯与人格两个概念的关系做出如下解释：

> 习惯是在长时期里逐渐养成的，习惯一旦养成就不易改变，就变为自动化动作的需要了。因此也可以说，习惯是人在一定情境中所形成的相对稳定的、自动化的一种行为方式。
>
> 习惯总是表现在一个人的行为中，而且是比较稳定和自动的。但习惯养成和表现行为也受着一个人诸多因素（如一个人的理念、能力、智慧、性格等）的影响。一个人一旦形成了一种良好的习惯，这种习惯的深化和整合又能促进其健康人格的形成。如一个人不论做什么事情，事先总是习惯认真地制订计划，并听取有关人士的意见，这就是一个人责任心的体现，而责任心是属于健康人格的，是它的一个组成部分。责

任心这种人格特质在有的人身上表现得很强，在有的人身上则表现得不强。因此，对中小学生而言，培养良好的习惯，尤其是智慧性习惯和社会公德性习惯，应该是有利于其健康人格的形成的。

研究表明，在静态的结构上，习惯是比人格更具体化，比人格低一层的行为方式，是构成人格的基本成分。许多具体的习惯在个人身上有不同的组合方式，赋予个人独特的行为风格模式，这就形成了他特定的人格。在动态的发展过程中，习惯又是人们偶然的心理和行为反应向人格心理特质转化的中间过渡环节，心理过程和行为的反复进行，使它们得以巩固，并可能泛化到其他情境条件下，逐渐形成稳固的心理状态和习以为常的行为方式，从而转化为人格特征。

总体上看，在少年儿童日常的学习和生活中培养一系列基本的做人、做事和学习的良好习惯，对他们的健康成长具有重大意义：养成良好习惯促进了少年儿童基本素质的提高；养成良好习惯是少年儿童能力的重要生长点；一些良好习惯的养成对某些人格特质有促进作用……这些好习惯的积累、泛化、整合和升华，必将对少年儿童健全人格的发展和形成产生重大影响，为少年儿童身心的全面发展奠定坚实的基础。

四、习惯向人格的转化具有关键期

从习惯到更为稳定的人格层面的转化并非一个迅速的过程，需要通过长时间的重复，并相应拓展迁移到其他方面，才可能转化为人格特质。有的习惯行为只是在某些特定环境下的表现，可能会因为外界刺激的改变而变化甚至消退。所以，很多行为习惯的养成，习惯到人格特质的转化，也会存在某些关键期。

当人们已经拥有众多长期稳固的行为习惯之后，培养新习惯需要面对的任务就不仅是形成行为反应联结了，而是先要克服已有的自动化行为，然后才能形成新的行为联结，这种过程相当困难。

习惯与人格的关系是相辅相成的。习惯影响人格，人格更会影响习惯。也许可以说，年龄越小，习惯对人格的影响越大；年龄越大，人格对习惯的影响越大。因此，在儿童时期培养良好习惯，就是为健康人格奠定基础。

年龄较小的儿童，本身的行为模式单一，可塑性较强，正是养成习惯的关键阶段。当这个关键阶段过去之后，个体不仅获得了很多稳固的习惯，这些习惯之间也存在着千丝万缕的关系，环环相扣。新的习惯养成，往往会触动众多其他的习惯，牵一发而动全身，新的行为方式便难以让个体接纳，难以形成新的习惯，更难以上升为稳定的人格特质。

关键期的教育被广大教育专家和学者所认同。例如韩国教育部前部长、首尔大学教育专家文龙鳞教授就强调，对于2~4岁的孩子，要学会向他们说"不"，因为这是培养孩子明辨是非能力的关键期，对孩子品德习惯的养成具有重要的作用。这个观点与美国积极心理学创始人马丁·塞利格曼教授在其书中所描述的案例不谋而合。

有一次，塞利格曼两岁半的女儿妮可故意对姐姐拉拉扔雪球，拉拉被砸疼了，左躲右闪，这让妮可更来劲了。"不要对拉拉扔雪球，妮可！"妈妈喊着，"你打疼她了！"但是另一个雪球马上又击中了拉拉。"如果你再扔一次，我就马上带你进屋。"妈妈警告说，结果又一个雪球击中了拉拉。

妈妈立刻采取了行动，虽然妮可又踢又叫，不肯进去，妈妈还是把她带回了屋里。"我告诉过你，如果不停止扔雪球，就要带你进来，你就是不肯停下来，所以现在必须进来。"妈妈温和地解释。妮可大声地哭着："我不扔了，我不扔了。"但她还是被带进屋里关了一段时间作为惩罚。

五、良好行为习惯的养成对儿童健康人格发展的积极作用

在中国青少年研究中心"少年儿童行为习惯与人格的关系研究报告"，即《良好习惯缔造健康人格》一书的绪论里，我和陈卫东论述了如下的发现和观点：

1. 良好行为习惯是促进少年儿童能力发展的重要生长点

研究与实践表明，良好习惯是儿童能力的重要生长点，儿童自幼养成的某些好习惯往往能转化为某种能力，而某些能力的形成，需要以一些良好的习惯为基础。

教育家叶圣陶对此的论述非常精辟："走路和说话是我们最需要的两种基本能力。这两种能力的形成是因为我们从小习惯了，'成自然'了。无论哪一种能力，要达到习惯成自然的地步，才算我们有了那种能力。如果不达到习惯成自然的程度，只是勉勉强强地做一做，就说明我们还不具有那种能力。"因此，"通常说某人能力不强，就是说某人没有养成多少习惯的意思。比如说张三记忆力不强，就是张三缺乏把看见的、听见的一些事物好好记住的习惯；比如说李四表达能力不好，就是说李四缺乏把自己的思想和感情说出来的习惯。因此，养成的习惯越多，那个人的能力就越强。做人做事，需要种种能力，所以最要紧的是养成种种的习惯"。

本杰明·富兰克林是 18 世纪美国科学家和发明家，著名的政治家、外交家、哲学家、文学家和航海家，参与了《独立宣言》的起草。

他在 79 岁高龄开始回忆自己的传奇一生时，用了整整 15 页来叙述自己在年轻时所进行的良好习惯方面的特殊锻炼。

富兰克林在自传里写道："我的目的是养成所有的这些美德的习惯。我认为最好还是不要立刻全面地去尝试，以致分散注意力。最好还是在一个时期内集中精力掌握其中的一种美德，当我掌握了那种美德以后，接着就开始注意另外一种，这样下去，直到我掌握了 13 种为止。因为先获得的一些美德可以便利其他美德的培养。"

富兰克林列举了 13 种品德习惯：节制、寡言、生活秩序、决心、俭朴、勤勉、诚恳、公正、适度、清洁、镇静、贞节、谦虚。他认为正是这些习惯的培养使得自己在商业、科学研究、政治活动、哲学、文学等方面的能力都得到了有效的发展，并在这些领域都取得了非凡的成就。

在我们的实验干预中，培养学生自尊、尊重他人，帮助他人等习惯的活动之所以能有效地改善小学生的人格发展，是因为在儿童养成帮助和尊重他人的行为习惯过程中，注重对他们人际交往能力的提升，自然而然地扩大了他们的人际交往范围。同时，他们积极友善的行为也赢得了他人的回应、帮助和支持，从而获得了对自己的肯定和信心。正是能力的增长，促进了他们人格特质多个维度的积极发展。

2. 习惯是实现个体可持续发展的重要动力源泉

社会的可持续发展必然要求人的可持续发展。人的可持续发展必然要求人的基本素质和能力不断发展完善。人的可持续发展需要具备各种发展的基础和动力。

良好的行为习惯一旦形成，就成为人的一种稳定的行为方式，成为人的第二天性，在人的一生中发挥重要的作用。少年儿童如果养成了一系列做人、做事和学习方面的基本良好行为习惯，就会终身受用，成为自身可持续发展的重要力量源泉。这个观点在国际奥委会北京 2008 代表处首席代表李红女士的身上得到了有效印证。

李红很年轻，也很幽默，她常说："我是从小跑着进入国际奥委会的。"

出生于天津的李红，七岁那年开始跟着爸爸跑步，一跑就跑到高中毕业。天天跑步，12 年来，李红养成了非常好的运动习惯，身心素质非常好，意志顽强、学习效率很高、学习成绩很好，考上了清华大学。每天下午四点，她在清华操场上跑一万米，是清华校队的主力。后来她到美国读书，先到加州，后到哈佛，仍天天坚持跑步。

国际奥委会总部设在瑞士，在寻找驻中国北京的首席代表时遇到了困难，因为这个职位的要求很高：要有中国国籍，中文要好，英文要好，要熟知中国文化，熟知欧美文化，还得懂工商管理，还得是体育行家。后来有人推荐了李红，经过多方面的测试考核，奥委会对她非常满意，就任命她为国际奥委会北京 2008 代表处首席代表。一个最简单的运动习惯成就了她的一生。当然，成为"首席代表"是很偶然的机遇，但是运动习惯让人受益终生是普遍的规律。

3. 习惯促进了儿童人格特质的形成和人格结构的优化

人格通常是指一个人的个性特征。人格是由各种特质组成的，特质通常是稳定的、不易改变的。人格特质除了一部分是受遗传的影响外，大多数是后天环境和教育影响的结果。

习惯是人格特质的重要表征之一。习惯所体现出来的人格中自动化的、稳定的行为方式和特征，是组成人格特质的重要基础。人格的形成与习惯的养成存在密切关系。健康人格是少年儿童全面和谐发展，具备健康生理素质和心理素质的核心。健康人格的形成不是一朝一夕的事情，它要经过长期培育。良好的行为习惯是健康人格形成的基础和外在标志，健康人格是良好习惯的升华和结晶。

我们"少年儿童行为习惯与人格的关系研究"课题组采用实证研究的方法，对习惯与人格的关系进行了初步探索。研究发现，在小学中高年级的儿童中，情绪型的儿童所占的比例较多，这类孩子比较任性，会很容易出现冲动、焦虑、反复无常等行为表现，面临各种压力情境时也很脆弱，容易出现更多的攻击和退缩行为。如何帮助儿童养成调整自己的不良情绪和控制情绪化行为的习惯，获得较高的情绪稳定性人格特质呢？

研究发现，通过一系列"做人""做事"良好习惯的培养，儿童在情绪性维度的得分有较多的降低。在年龄较小的孩子中，退缩型人格有较高的比例。这类孩子并不像情绪型孩子那么惹人注目，平时容易给人以依赖、散漫、懒惰、羞怯、不善言谈等印象。一些老师和父母在教育中可能更多地对他们的消极行为进行监督和批评，而较少去发掘和鼓励他们的积极表现。然而，对于他们而言，简单的批评说教和严格的监督束缚并不奏效，退缩型的孩子更多的是需要树立他们的自信心。

英国前首相丘吉尔小的时候曾患有口吃，他3岁的时候，说"妈妈"和"爸爸"都很吃力。在一次上课回答问题时，丘吉尔的口吃受到了同学嘲笑，于是愤怒的丘吉尔从此立志要成为一名演讲家。他的父母和保姆则建议他先养成一个好习惯，于是丘吉尔就每天对着墙上的大镜子，开始练习说话。

正是这一习惯,帮助他成为了英国历史上最伟大的演说家之一。

或许正是丘吉尔感受到了习惯对自己人格的影响,在他写给儿子的信中,他引用了父母对自己说的话:"你应该养成好习惯,因为好习惯会构成人的性格。"在信中,他告诉自己的儿子:"优秀品质的形成是有意识地付出一次又一次的努力的结果,它需要经过大量的实践,直到变成一种习惯。"

第四节　习惯养成的重点内容

少年儿童需要重点培养哪些好习惯？有哪些行为示例？这些习惯的人格特征是什么？中国青少年研究中心"少年儿童行为习惯与人格的关系研究课题组"做出了积极的探索，勾勒出较为清晰的蓝图。作为课题组组长，我非常感谢全体研究人员（包括几百所课题学校）的贡献。

一、少年儿童要重点培养做人、做事和学习的好习惯

心理学家华生认为，人类的独特之处在于情感、言语或思维、行为这三大习惯系统的巨大发展，而人格是习惯系统的最终产物。人格是一个人在反应方面的全部资产和债务。资产是那些适应环境的习惯，债务是人对环境适应欠缺或阻碍的行为习惯。当一个人的人格已经"资不抵债"时，再来培养习惯以塑造人格或许为时已晚。

我一直呼吁，教育的核心是培养健康人格，而习惯养成是培养健康人格的重要途径，即良好习惯缔造健康人格。

依据习惯与人格的这种密切关系，要以建构健康人格为目标，选择重点培养哪些习惯。结合我国现阶段的教育方针、《公民道德建设实施纲要》和联合国教科文组织关于21世纪教育的有关建议，我们中国青少年研究中心习惯研究课题组提出了当前少年儿童良好行为习惯培养的主要内容。

联合国教科文组织指出，21世纪教育的使命是帮助学生学会学习、学会做事、学会共处、学会做人（也有翻译为学会生存）。我国的教育方针是构建德智体美劳五育并举的教育体系。在素质教育中，应该使受教育者身心和谐发展，使他们主要在思想道德、能力、身体、心理等几个方面形

成一系列优良的素质。这些主要方面的素质可总结为学会做人、学会做事和学会学习三个大的方面。基于以上认识,我们认为,培养少年儿童良好习惯的基本内容应该集中在三个大的方面,即做人、做事和学习。

在良好习惯的具体内容上,课题组既强调要继承民族美德和优良传统,坚持和弘扬民族精神,同时也要具有当今时代的精神,适应社会发展的趋势。这主要包括中华民族的传统美德以及当今时代的要求和挑战。根据这一原则,课题组将少年儿童学会做人、做事和学习三大方面的良好行为习惯归结为12项重点内容:

(1)做人:真诚待人、诚实守信、认真负责、自信自强;(2)做事:遵守规则、讲究效率、友善合作、合理消费;(3)学习:主动学习、独立思考、学用结合、总结反思。这12项重点内容对应着12项重要的人格特质指标(见表3)。

表3 少年儿童良好习惯的12项重点研究内容

三大方面	重点指标	人格特征	序号
做人	真诚待人	真爱	1
	诚实守信	诚信	2
	认真负责	责任心	3
	自信自强	乐观	4
做事	遵守规则	规则意识	5
	讲究效率	效率意识	6
	友善合作	合作	7
	合理消费	勤俭节约	8
学习	主动学习	自我能动性	9
	独立思考	独立	10
	学用结合	勇于实践	11
	总结反思	勤于创新	12

这 12 项重点内容具有人格化特点，它们不是具体的行为习惯，但是它们的形成需要以在日常学习和生活中养成的一系列具体的行为习惯为基础。比如养成认真负责的智慧性习惯，就要求学校和家庭经常对孩子进行相关方面具体行为习惯的培养，如认真听讲、认真做作业、自己的事情自己做、积极为他人服务等良好的行为习惯。

通过研究，专家们对这 12 项重点研究内容包含的相应的主要具体行为习惯做出了示例（见表 4）。

表 4　少年儿童 12 个重点"人格化"习惯对应的主要具体行为习惯示例

12 个重点指标	主要行为习惯示例	序号
真诚待人	礼貌待人（礼貌用语、基本礼仪和礼节等），孝敬父母（理解、尊重、关心），尊敬师长，对伙伴或同学真诚相待	1
诚实守信	说话算数，不说谎话，对别人交代的事情不敷衍了事，自己做错了事情主动承认，借了别人的东西及时归还	2
认真负责	自己能做的事情自己做，答应的事情要认真做，敢于承担责任，学习认真（听讲、作业等）	3
自信自强	情绪饱满乐观，坚持体育锻炼，穿戴整洁，讲究个人卫生，敢于竞争和参与，面对困难和挫折不退缩	4
遵守规则	遵守家规，遵守纪律，遵守校规，遵守交通秩序，公共场合不打闹，看比赛和演出时文明有序	5
讲究效率	做事有计划，讲究方法，珍惜时间，善于自我管理	6
友善合作	不打人骂人，不歧视同伴，不随便给别人起绰号，善于交往，关心班集体	7
合理消费	爱惜个人用品，吃穿不浪费，不乱花钱，节约水电等资源	8
主动学习	学习有计划，求知有方法，学习时间有保证，课余生活有安排	9
独立思考	勤于动脑，敢于提问和质疑，主动与人讨论，大胆想象和联想	10
学用结合	动手操作，参与劳动，仔细观察，注重体验	11
总结反思	及时总结，整理知识，勤于反思，处理信息	12

良好的习惯最终要体现在优良的外在行为上。因此，在认知引导和情感激发的前提下，习惯的培养主要应注重通过行为训练和行为强化来进行。

习惯是一种相对稳定的、自动化了的行为。个体的行为，其生理上的机制主要有无条件性（先天的无条件反射）和条件性（条件反射）两种类型。良好的行为习惯主要由条件反射类行为组成，是个体受后天环境影响和教育的结果。对少年儿童来说，有明确目标的教育训练对其养成良好的行为习惯是很有必要的。合理地使用各种强化手段和方式是良好行为习惯培养的基本方法。

需要指出的是，行为训练的有效性不仅依赖于培养目标制订的科学性，即符合主体（少年儿童）身心发展的规律和客体（行为习惯养成）的规律，而且依赖于训练方法的科学性和灵活性。

老子说："天下难事，必作于易；天下大事，必作于细。"越难的事情，越要把它变得比较容易来做；越是大的事情，越要从细致和细小的方面来做，这样才能做成功。他还说："是以圣人终不为大，故能成其大。"就是不贪大才能做得大。所以，在日常的教育活动中，从这12个指标入手，进行一系列好习惯的培养，有侧重地进行重点突破，是比较可行的。

我们在与北京师范大学心理学院的合作中，心理学专家们提出了更为精练的研究重点。他们的建议是：

一是做人方面重点研究：

（1）少年儿童积极的自我概念和自尊的培养；

（2）少年儿童的同伴交往能力的培养研究。

二是做事方面重点研究：

（1）少年儿童责任心的培养；

（2）少年儿童自我管理能力的研究。

三是学习方面重点研究：

（1）少年儿童学习策略与学习习惯的培养研究；

（2）少年儿童学习主动性与创新的研究。

培养少年儿童健康人格的侧重点，可以概括出一个较为通俗简单的标准，也就是少年儿童健康人格的五个指标：学习、仁爱、负责、自制、尊重。

2013年1月2日，我在《中国教育报》"2013年，我期待"的特刊上说："我期待基础教育将培养良好习惯缔造健康人格作为重要使命之一。"中国基础教育的重大缺陷在于忽视了良好习惯的养成。在少年儿童行为习惯与人格的关系研究中，我们得出的结论是：行为习惯的培养需要以促进健康人格的形成为导向，重视做人、做事和学习三大方面的习惯培养，特别需要培养主动学习、爱心助人、勇于担当、自我管理、尊重他人五个方面的好习惯。可以说，这五个好习惯的指标也是健康人格的指标。

与人格五因素大致对应，就是学习（开放性）、仁爱（宜人性）、负责（谨慎性）、自制（情绪性）、尊重（外向性）。孔子把"中庸"视为"至德"，提出"过犹不及"，"和"以"中行"，"叩其两端"、"执两用中"。或许可以说，中庸就是健康人格的体现。

习惯要求过多可能忽视差异、伤害个性。习惯培养的最高价值是人的解放而非束缚。习惯培养务必尊重个人的权利与尊严。

二、习惯的分类

作为教育者，在培养孩子养成好习惯时要以健康人格为导向。那么在当今时代，要注意什么呢？一定要厘清习惯的分类。

习惯按其价值可分为良好习惯和不良习惯。如有的学生在做完作业后能做到自我检查，这一方面能促进学生自我评价能力的发展，另一方面能提高其学习能力，这就是积极的良好习惯；而有的学生做作业时，一边吃零食，一边看电视，不能专心致志地抓紧时间完成作业，这就是一种不良习惯，或可称之为消极习惯。

习惯按其水平可以分为动作性习惯和智慧性习惯。如饭前便后洗手的习惯，这是生活方面的一种基本卫生习惯，也是动作性习惯。再如有人做重要的事情之前，总是要先了解各方面情况，再制订一个切实可行的计划，这是智慧性习惯；有人做事不习惯先计划，想到就做，而且任意改变确定的计划，这是缺乏智慧性习惯的表现。

习惯按其性质可以分为一个人必须遵守的社会性习惯和一个人所独有的个性化习惯。公平公正、遵守交通规则等习惯均为社会性习惯；有人思考问题的时候，总要在房间内来回走动才能有思路，有人则喜欢一个人闭上眼睛，默默地思考，这些都是个人所特有的一些习惯。

习惯按其功能可以分为一般性习惯和某种工作所需要的特殊性习惯。善于观察事物、勤于思考等，这是一个人无论做什么工作都需要养成的良好习惯；建筑师、艺术家等职业则需要养成在头脑中利用表象构图的习惯。

三、习惯的层次

习惯培养要注意三个层次。

在培养个人性习惯的同时，也要培养社会性习惯。即在兼顾个性差异的同时，不能忽视对遵守规则、公平公正等社会性习惯的培养。

在培养动作性习惯的同时，也要培养智慧性习惯。如饭前便后洗手、随手关灯、用过的东西放回原处，这都是动作性习惯。智慧性习惯如总结、反思、质疑、有计划等。

在培养传统性习惯的同时，也要培养时代性习惯。传统性习惯如尊老爱幼、节约、守纪律等，时代性习惯即讲效率、双赢、竞争、环保、创新等。

所谓习惯，一定是行为，即使质疑和反思等智慧性习惯具有非动作性的一面，最终也会表现为某种行为。如我们的习惯课题组专家吴凯教授所说，智慧性习惯是一种思维方式，思考后也会体现在行为上。如养成接受新任务必先了解情况的智慧性习惯，就会开始调查研究，做文献检索和分析等，这不就是转化为行为了吗？

一般来讲，幼儿阶段是培养生活习惯的黄金时期；小学阶段是培养品德习惯和学习习惯的黄金时期；中学阶段是培养学习习惯和智慧性习惯的黄金时期。

当然，习惯的养成需要技能，而技能必然包含着一系列的指标与规范，但习惯培养应当以人格化为追求，而不是单纯的技能化。具体说，就是在习惯培养的过程中，应当以健康人格为核心目标，注意观念与情感的培养，使孩子对每一个好习惯都知其然且知其所以然，从而晓之、信之、践之。

2000 年，我倡导培养未成年人 10 个好习惯：热爱祖国，升国旗和奏国歌时自觉肃立；文明礼貌，微笑待人；尊重他人，耐心听别人讲话；保护隐私，别人的东西不乱动；利人利己，用过的东西放回原处；诚实守信，说了就要努力做；待人友善，观看比赛文明喝彩；遵守规则，上下楼梯靠右行；勤奋自强，坚持每天锻炼身体；环保卫生，干干净净迎接每一天。

如以"耐心听别人讲话"这个习惯为例，如果将其培养成技能化的习惯，可以视此为命令或铁的纪律，一旦违反将受惩罚。如此，人同样是可以养成习惯的。而如果按人格化的习惯培养的要求，则重在培养对别人的理解与尊重，相信每一个人都是平等的，都有自己的尊严。单纯技能化的习惯可能会使人"机械化"，缺乏内心的认同与热情；人格化的习惯则是自然和谐的，内心认同也有热情。简言之，技能化习惯培育的是机械化的行为，而人格化习惯培育的是真正的人。

孙云晓
生活感悟

1. 在一般概念里，习惯是一种稳定的、自动化的行为，实际上，习惯也是不断发展提升的。例如，从书本的学习到互联网的学习，显著提高了学习效率，就是学习习惯的发展与提升。如德国哲学家雅斯贝尔斯所说："生成的静态形式即习惯，生成的动态形式即超越——生成就是习惯的不断形成与不断更新。"

2. 为什么说良好习惯缔造健康人格呢？人格是由五因素组成的，即情绪性、外向性、宜人性、开放性和谨慎性。我们的课题研究证明，通过积极的习惯培养活动，小学生的人格五因素发生了许多良性的变化。如许多城市小学生情绪性偏高，经过一年的干预实验，实验班学生有明显好转。

3. 习惯能否养成的界限在哪里？《福格行为模型》解释道："行为发生于动机、能力和提示同时出现的时候（B=mAP），即三者皆备方可养成习惯。"其中，动机越强，行为就越可能做到。能力，让行为简单到容易做。提示是行为发生的决定性要素，行动提示若将要培养的新习惯和扎实可靠的事情"绑"在一起（锚点），效果最好。简而言之，要选择动机强和能力足（容易做）的行为，及时恰当地给予提示，才可能养成习惯。反之，当习惯难以养成，则要检查三者是否皆备，缺什么就要补什么。

第二章 儿童教育就是培养好习惯

科学大师爱因斯坦说:"什么是教育?当你把你受过的教育都忘记了,剩下的就是教育。"什么是忘不掉的?习惯就是忘不掉的。

第一节　训子千遍不如培养一个好习惯

> 良好的行为习惯一旦形成，就成为人的一种稳定的行为方式，成为人的第二天性，在人的一生中发挥重要的作用。

生命教育的目的不仅仅是健康地活着，更是为了让精神充盈和灵动，让人性放射出灿烂的光芒。教育怎么实现这一伟大的目标呢？教育要以培养健康人格为核心目标，而良好习惯的养成是培养健康人格的重要途径，也是幸福人生的根基。

良好的行为习惯一旦形成，就成为人的一种稳定的行为方式，成为人的第二天性，在人的一生中发挥重要的作用。少年儿童如果养成了一系列做人、做事和学习方面的良好习惯，就会终身受用，成为自身可持续发展的重要力量源泉。

有一位母亲跟我抱怨说："我的孩子坏毛病太多了，不爱写作业，贪吃零食，乱花钱，整天粘着电视，迷着网络游戏，您说怎么办呢？我都说他八百遍了，就是改不了。"因为比较熟悉，我和她开玩笑说："您要是这样说孩子八千遍，他就更改不了了。一位著名的儿科医生跟我说过，一句话重复三遍就是对别人的折磨。"

大家知道孩子是怎么说的吗？"我妈妈真烦人，说话特啰唆，她一张嘴我就知道她要说什么，她说上句我知道下句。"您说这样的教育还有效果吗？实际上，没有一个孩子不想成为好孩子，也没有一个孩子不想好好学习。孩子学习不好一定是碰到了困难，孩子需要的是家长具体有效的帮助，而不是唠叨或训斥。所以我给父母们一个忠告——"训子千遍不如培养一个习惯"。

一、好习惯让人终身受益，坏习惯让人终身麻烦

生活实践告诉我们，最好的，也是最有效的儿童教育方法，就是培养良好的行为习惯，因为习惯可能影响孩子的一生。好习惯让人终身受益，坏习惯让人终身麻烦。

有一年，全国研究生入学考试，外语听力成绩首次计入总分。虽然外语考试要14点正式举行，但为了保证听力测试的效果，考试主管部门明确规定："考生必须在13：45之前进入考场，利用这一段时间进行调试收音机和试听等工作，13：45后禁止考生入内。"该规定在考场纪律和考生准考证上均已写明，各大媒体也都在考前一再提醒。

考试当天下午，上海市某大学考点，13：45以后一连来了4名迟到考生，而这时13：55都已过了。当老师告诉他们不得入内时，这几名同学当场傻眼，这才想起看准考证。他们纷纷表示没有看清该规定，求监考老师放行。其中一位考生不断向老师苦苦哀求："我为这次考研已经准备了3年，我很有信心考上，老师给我一次机会吧。"一位考生边哭边说考官不近人情。这几名男生迟到的理由，有的竟是因为睡觉睡过了头，有的是因为吃饭吃晚了，最主要的是他们都忽视了"13：45前入场"这一规定。据说，全国很多考点都有类似情况发生，可以说，任何对自己负责的同学都不应该犯这样低级的失误。

考研的学生因为迟到不能进入考场的事情让人感慨，这个苦涩的教训告诫我们，每个人都需要养成确认的习惯，否则可能会有吃不消的苦头，甚至会发生意想不到的灾难。

对于一个学生来说，养成确认的习惯会使自己终身受益。例如，平时写完作业认真检查，考试的时候仔细审题，与别人约定的事情要牢记在心并提前落实等等。这样的学生不仅学习成绩会好，也会成为受欢迎的人。

如科学家培根所说："习惯真是一种顽强而巨大的力量，它可以主宰人的一生。"

二、为什么习惯决定命运

最令父母们心痛的，就是看着一个个活泼可爱的孩子走上犯罪的道路。他们的悲剧与行为习惯有什么关系吗？中国人民公安大学对山东省500多名未成年犯进行了专门的调查研究，其发现和分析或许可以给我们一些警示。

这些调研对象有监狱的犯人和未成年犯管教所的未成年犯，还有2011年山东省各级法院审理的未成年被告人等等。未成年犯大多来自农村，其文化程度较低，多为初中及初中以下，其父母的学历也较低，初中或初中肄业的占绝大多数。超过一半的未成年犯来自多子女家庭，未成年犯中的独生子女占40%。绝大多数未成年犯的家庭教育方式不良，溺爱型、忽视型和专制型等教育方式的比例接近70%。根据未成年犯不同犯罪类型进行统计分析，抢劫占第一位，其余为强奸、伤害、盗窃、杀人等等。

从未成年犯的不良行为来看，未成年犯出现不良行为的年龄偏小，有一半的未成年犯偷拿过他人财物，平均年龄在12岁；在上学期间，80%左右的未成年犯有逃课、辱骂他人、抽烟、喝酒、夜不归宿、看不健康的书籍或影视、出入成人娱乐场所的经历。出现这些不良行为时，未成年犯的平均年龄在十三四岁。有性行为的未成年犯的比例为66.2%，其平均年龄在15岁。随着年龄的增长，未成年人逐渐出现的不良行为是逐渐"递进"的，偷拿财物→逃课→抽烟、喝酒→夜不归宿→阅读不健康书籍或看不健康电影→打群架→携带刀具、恐吓他人→参加团伙活动→出入成人娱乐场所。

怎么解释未成年犯的不良行为呢？首先，这是家庭教育出现问题的信号，需要父母尽快反思和改变。其次，孩子的不良行为正在演变成为不良习惯或者恶习，而恶习是犯罪的基础。

孙云晓 生活感悟

1. 我们常说习惯决定命运，在卢梭看来，习惯就是教育。他的原话是："教育确实只不过是一种习惯而已。"卢梭的重要提醒是不要把习惯与天性对立起来，习惯也难以真正改变天性，应当顺应天性，把习惯培养成实现天性的手段。当然，天性有善恶之分，习惯培养应当扬善抑恶。

2. 有礼貌的人走到哪里都受欢迎，没有礼貌的人则可能寸步难行。如伦敦大学学院心理学博士杰里米·迪安所说："孩童时期养成的行为习惯和思维习惯会一直延续到他们成人之后，特别是早期形成的社会习惯会在今后的人生中产生巨大的影响。"礼貌就是一种让人受益终身的社会习惯，而礼貌的本质是尊重与爱心。

第二节　良好习惯成就幸福人生

教育孩子是一件千头万绪的事情，需要抓住根本，而这个根本就是以培养健康人格为目标，用心帮孩子养成几个至为关键的习惯。要做到这一点，最简单有效的方法之一，就是父母反思自己的行为习惯及其影响，这或许可以让父母快速地发现教子成功的奥秘和艰难。

多年来，我一直有一个愿望，就是认真回顾自己的成长历程，并着眼于当代社会的发展需要，总结出一些有益于今天孩子习惯养成的经验。回顾我的成长经历与职业生涯，究竟是什么习惯改变了我的一生呢？在《梦想是成长的发动机》一书里有详细的记述，这里只是与大家分享几个关键性的细节。

一、阅读习惯让我的人生发生巨变

一次，八十多岁的老父亲看我出了新书，感慨地说："我原来以为，咱们家的坟头上不长文化的苗。"老父亲当了一辈子工人，没有多少文化，他想不到我会成为作家和教育研究者。童年的我几乎没有课外书看，11岁那年，即1966年，碰上特殊的动乱时期，青岛某工厂图书馆要"扫除一切大毒草"，把大批文学名著扔了一地，准备毁掉。我哥哥那时15岁，恰好在那家工厂读技校，见现场没人，就赶紧装了一书包，背回家了。谁也没有想到，这一书包的书改变了我的命运。

我和哥哥合住在一个很小的房间，他每天痴迷地阅读，深深地吸引了我，况且儿童本来就最善于观察和模仿，于是，我就被带进了文学的世界。那一书包的书中，有《三国演义》《水浒传》《红岩》《林海雪原》《青春之歌》《苦菜花》《烈火金刚》《风雷》等。疯狂的阅读让我产生了极为强烈的感受，即文学是迷人的，作家是伟大的，我要读更多的书，我也要成为一个作家！完全没有想到，在最疯狂、最黑暗的那个冬天，11岁的我不仅迷上了读书，养成了阅读的习惯，还立志成为作家，开始了长达50多年的文学梦。

可以说，这是我一生最为重要的转折点，文学将我从文化沙漠里拯救出来。何为习惯？看看家里的摆设就知道，我家最多的家具是书柜。我经常出差，如果不带几本书在身边，就像没带车票或机票一样不安。有一次飞广州，本来3小时的航程，结果因为延误，用了8个小时。可是，我的心情依然很愉快，原因就是被好书迷住了，完全没有延误的烦恼。广泛阅读的习惯给予了我一生极为丰富的营养。

二、写作习惯让我进入一个全新的世界

写作是一种极为有效的学习。比如，许多人都会发言，即使没有稿子也能滔滔不绝。但是，如果认真写过稿子，发言质量可能提高10倍以上。因为拿起笔来才更容易发现逻辑的重要性，更会注意到论点、论据和论证的严谨。

可是，许多父母苦恼自己的孩子不爱写作，我的体会是：爱阅读的孩子都具有写作的潜能，关键在于激发其迁移。其实，习惯具有迁移的特点，一个习惯的养成可能带动另一个习惯的养成。少年时代的我，因为喜欢读书，时间久了，难免手就痒痒，经常写一些短文或诗歌。15岁那一年（1970年），我开始写日记。如今，我已经年近七旬，日记写了50多年。在我那个工人的家庭，又是动乱的年代，绝对没有人逼我写什么日记。可是，养成了写日记的习惯，我如果不写，就像没吃晚饭一样，睡觉也睡不踏实。

从写日记开始，我又尝试写诗歌和儿童故事，写报告文学和长篇小说，后来从事儿童研究，又写教育作品。有时候，我看电视都做笔记，因为有些精彩的访谈与个案极为珍贵。1988年我加入中国作家协会，出版过10

部报告文学和长篇小说，其中，长篇儿童小说《金猴小队》被拍成8集同名电视连续剧，获中国电视剧飞天奖；《16岁的思索》获全国优秀儿童文学奖，并入选百年百部中国儿童文学经典书系。

三、讲演习惯让我获得了解放

人是社会性动物，与人交流是最基本的需要，自然需要学会说话和讲演。但是，由于小时候严重口吃，童年的我最怕说话，有话无法表达，内心里非常痛苦。在那个动乱的年代，我们经常停课，伙伴们整天疯玩，一直玩到没有什么可玩了。有个伙伴突发奇想，约定轮流讲故事，谁不讲故事就不和谁玩。幸亏我读了一些书，就结结巴巴讲《三国演义》，居然对伙伴们产生了强烈的吸引力。是啊，在"扫除一切大毒草"的年代，去哪里听文学名著的故事呀？在伙伴们的鼓励和要求下，我居然结结巴巴讲了一个多月的故事，包括后来又讲《水浒传》和《烈火金刚》。最为神奇的是，讲演把我从自卑中"解救"出来，那感觉就像鱼儿进入大海，鸟儿飞上了天空。讲故事的成功体验使我渐渐自信起来，口吃的毛病逐渐消失了。当年的我绝对想不到，多年后，作为教育研究者，我会有几千场讲演并且深受欢迎，多次在央视录制讲演节目也非常顺利。这段难忘的经历给予我一个教育启示：当一个孩子能够在同伴面前讲许多故事，这是刻骨铭心的成功体验，而成功的体验是自信之源泉，更有助于养成好习惯。

四、亲近自然的习惯让我永葆童心

熟悉我的朋友知道我酷爱旅行，退休后更是纵情于山水之间，欣喜地阅读无字之书。且不说走遍三山五岳，就是在北京，每年去香山或颐和园、国家植物园等也在百次左右。我酷爱宋代诗人辛弃疾的名句："一松一竹真朋友，山鸟山花好弟兄。"究其原因，还是童年养成的习惯。我小时候，最开心也最具挑战性的生活体验，就是在海里游泳，或者在月光下赶海，或者去山里采蘑菇，或者去登山探险。所以，我写童年在青岛生活的长篇儿童小说《金猴小队》的时候，写作素材便信手拈来。这种亲近自然的习惯影响了我的一生。每逢较长的假期，全家人一般都会选择长途旅行，这也成为了全家每个成员的习惯。每当沉醉于大自然里的时候，我就仿佛回到了自由无羁的童年时代，那种幸福感油然而生。

五、与人合作的习惯让我拥有很多朋友

我在山东青岛的海边长大，为了谋生，也为了玩耍，从小我经常与伙伴去赶海或上山采蘑菇，碰到麻烦和危险是家常便饭，自然要学会合作。这是付出许多代价换来的人生经验，也是工作后越来越深的体验。所以，我养成了善待一切的习惯。直到今天，不论与谁合作，我首先想到的是对方的利益，如果找不到合作方的利益，我就会重新选择合作项目和方式。

在长期的生活与工作中，我始终坚持读书、坚持写作，始终在与人合作。我没有刻意做什么，是习惯在引领我前行。四处旅行的日子，我也必定与书为伴。读多了，见多了，感悟多了，就像怀胎十月，总会"一朝分娩"式的写作。我相信"三人行，必有吾师"这句话是真理，因为许多有真知灼见的朋友使我受益匪浅。于是，这几个好习惯成就了我这个愚笨的人。

习惯养成分为无意养成和有意养成两种方式。显然，我的有些习惯属于无意养成。感谢童年的恩赐，阅读、写作、讲演、旅行、合作是成就我一生的五个关键性习惯。当然，如果仔细总结，我还发现了乐观、运动、认真和要事优先这四个习惯。

年近七旬，反思人生，感悟最深的两句话就是：好习惯让人终身受益，坏习惯让人麻烦终身。反思人生经历之后，第一次总结出九个好习惯成就我一生的真实感受，诚恳地与大家分享。之所以做如此总结，一方面是想看一看，究竟是哪些习惯影响了我的人生之路，更为重要的另一方面，是试图找出真正能够有益于孩子们创造幸福人生的核心习惯。现在有了初步的答案：如果养成喜欢阅读、勤于写作、勇于质疑、乐于合作、自我管理、认真负责、用好媒介、坚持运动、积极乐观这九个好习惯,很有可能达到良好习惯缔造健康人格的理想目标。

我像一棵野草,只因为童年得到了一颗文学的种子,养成了读书、写作、讲演、与人合作等习惯,一系列的成功体验,让最为普通的生命创造了不可思议的奇迹!

留给孩子金山银山,不如留下一个好习惯,因为习惯具有恒久的品质。

亲爱的父母朋友,进入新时代,生活日新月异,您和您的孩子可能比童年的我幸运十倍乃至百倍。您既然如此爱着自己的孩子,如果肯花几年的功夫,引领他们养成九个好习惯,哪怕只是养成其中几个好习惯,您就给了孩子最伟大的教育、最珍贵的爱和最成功的人生经验。

怀有爱心的父母极需要记住一个忠告,即养成好习惯绝不仅仅是孩子的事情,而是所有人共同的成长需要。甚至可以说,父母的好习惯越多,越有利于孩子养成好习惯,因为父母是孩子最直接也最重要的榜样。

孙云晓 生活感悟

1. 任何人的命运都与时代紧密相关,我自然不例外,但读书、写作、讲演等习惯改变了我的一生,绝对是可靠的事实。所以,习惯养成是我最重要,也是我持续最久的研究课题。侯修圃先生是青岛市市南区教育局老局长、散文作家,他用近一个月的时间,研读我的《习惯养成有方法》一书,令我极为感动。无论是父母还是教师,抓住了习惯养成,就抓住了儿童教育的根本,否则就是丢弃了儿童教育的根本。

2. 我作为一个曾经严重口吃的孩子,为什么长大后能走上演讲台?在《孙云晓:九个好习惯成就孩子一生》的序言里,我做了回顾与反思,简言之就是童年时代讲故事的经历锻炼我养成演讲习惯。在中央人民广播电台等电台做节目时,大家都夸奖我的音质好,低音有磁性等等。其实,每个人都有巨大的潜能,而许多潜能是本人终身未知的。因此,好的教育是人的解放与发展。

3. 出席朱永新教育文集首发式的时候,我说这是这位教育家多年探索教育的结晶,也是他闻鸡起舞的作品,因为他每天清晨5点起床读书写作。当小学教师的父亲从一年级就要他每天5点半起床练字,养成习惯至今已50多年!他说,这是父亲留给他的人生最大财富。由此可见,习惯决定命运。

第三节　培养良好的习惯从小开始

著名教育家叶圣陶说："教育是什么？往简单方面说，只须一句话，就是要养成良好的习惯。"所以说，父母最重要的任务就是培养孩子良好的习惯。

1988年1月18日至1月21日，75位诺贝尔奖获得者在巴黎聚会，以"21世纪的希望和威胁"为主题，就人类面临的重大问题进行研讨。

在会议期间，有人问一位诺贝尔奖获得者："请问您是在哪所大学、哪个实验室学到了您认为最主要的东西呢？"这位白发苍苍的老人平静地说："是在幼儿园。"提问者非常惊讶，又问："您在幼儿园学到些什么呢？"老人耐心地回答说："把自己的东西分一半给小伙伴们；不是自己的东西不要拿；东西要放整齐；吃饭前要洗手；做错了事情要表示歉意；午饭后要休息；要仔细观察周围的大自然。从根本上说，我学到的全部东西就是这些。"

这段对话是耐人寻味的。从幼儿园学到的基础的东西，直到老年时还记忆犹新，可见留下的印象是非常深刻的。这说明从小养成的良好习惯会伴随人的一生，时时处处都在起作用。在儿童时期，特别是幼儿园和小学期间，是养成一个人良好习惯的关键时期，也是最佳时期。

有一个女孩子叫董雨欣（化名），小学毕业考入了北京的一所名牌中学。她到学校以后，各方面表现很出色，很受老师和同学们的喜欢，还当了班干部。有一天老师正忙着批改作业，还要准备发给学生父母们的信，就跟董雨欣说："你到我的办公室去，打开我的抽屉，然后拿出章来。咱们把这些信盖上章好吗？"可董雨欣摇了摇头。老师奇怪地问："你为什么不去呀？"董雨欣说："办公室我去了一趟，发现里面没有人。"老师说："没有人，你打开我的抽屉，把章拿出来就是了。"董雨欣说："老师，我觉得老师不在的时候，打开老师的抽屉是不好的。"老师马上就明白了，特别感动。

实际上这是一个非常好的习惯，就是说，一般不能够在别人不在的情况下打开他的抽屉或翻动他的提包。这个女孩子为什么能够很自然地表现出这样的习惯呢？

这可能得益于她小学时所受到的教育。董雨欣是北京府学小学的毕业生，府学小学非常重视学生良好习惯的养成，是我们习惯与人格关系研究的子课题学校。府学小学曾经教育孩子不能乱翻别人的东西，动别人的东西一定要经过主人的许可，而且当主人不在的时候，不要去打开、翻动他的东西。所以说，小时候养成的习惯是很重要的。

然而，我们的基础教育很不到位的一个重要原因，就是行为习惯养成教育非常"欠火候"。

比如《中共中央国务院关于进一步加强和改进未成年人思想道德建设的若干意见》（以下简称《意见》）已经发布多年了，贯彻落实的效果如何呢？我们中国青少年研究中心曾经对全国10个省（市）的46个区（县）进行了调查，调查主要在92所小学和92所初中进行。调查发现，各地党委政府普遍重视学习贯彻《意见》，采取了一系列重大举措，并取得了一定的成效，但"两张皮""一阵风""搞运动"等问题和现象还不同程度地存在。

长期以来，德育实效性差常常受到人们的批评。我想，改变这一状况的根本办法，就是既要改变观念，更要改变行为，确立起一个新的评价标准。也就是说，看未成年人的思想道德建设水平如何，主要不是看他们怎么说，而是看他们怎么做，尤其是习惯怎么做。道德行为习惯是一个人不需要外在监督和意志努力即可自动实现的道德行为。只有养成了良好的习惯，才能使道德行为经常化、巩固化和自动化。因此，道德行为习惯是道德品质形成的重要标志，自然也是道德建设的核心目标。

父母如何培养孩子习惯才能取得比较好的效果呢？我的建议是：

一是培养习惯从细微处着手。有的孩子写字姿势很难看，拿笔的姿势不对，扭着身子写字，写的字歪歪扭扭，一旦成为习惯，很难改。你说坐正，他坐正了不会写，这就是忽略了他最初的写字姿势。所以说儿童的教育要讲细节，要从细微处着手进行训练。让我们从一点一滴，从细微处培养孩子良好的习惯。

二是培养习惯从第一次开始。在习惯培养当中要特别注意第一次。一生二、二生三、三生万物，一切都是从一开始的。比方说你带着孩子去商场买东西，你要做好思想准备。孩子一下看好这个东西了，就要这个，孩子不会管价格和实用性。你说："不行，东西不好。"孩子可能就会要赖："不，我偏要！"而且怎么哄都不走，拽着你的裤腿，死活不走了，甚至躺在地上打滚。天哪，全场的人都看着你。你一看，太丢人了，是不是就会想顺着孩子算了？其实这个时候就是关键时刻。有些父母受不了，说："好了，起来，给你买。"你给他买了，麻烦就来了。孩子取得了胜利，因为哭闹成功了。孩子今后就会用这法宝来治你了，凡是他想要，就给你闹，就躺在地上打滚。

你该怎么办呢？首先出家门的时候跟孩子约法三章：今天我们到商场去，只买什么什么东西，什么东西不能买，不能随便提出要求。把规矩定好了，同不同意？同意咱们就去，不同意不能带孩子去。这是第一步。第二步到了商场里，孩子可不管你之前和他的什么约定，看到好的，他就要，不给就打滚，怎么办？我的建议是不要理他，你可以在孩子耳边悄悄地说这个东西不值这个钱，咱们家现在不能买。孩子如果不听，不听你就走，坚决地走，不回头地走。就走到商场的出口，或者在一个估计能把握孩子安全的地方，就在那儿等着。你走的时候速度不要太快，孩子这个时候跟你之间真是在较量啊。他实际上是一边闹一边看你有什么反应，看你走了，是不是真走了。有的父母真走远了，孩子一看没戏了，爬起来跟着你走，这时候父母就胜利了。

孙云晓生活感悟

1. 研究者有时通过临摹三角形来测试儿童的大脑发育。日本和洋女子大学铃木教授对五岁儿童的研究发现，生活有规律的儿童画的三角形比生活无规律的儿童画的三角形完整规则许多。她认为，生活是否有规律影响大脑认知和运动功能的统一。早睡早起吃早饭是最基本也最重要的生活规律，必须从小养成习惯。

2. 如果没有确认的习惯，生活可能会一团乱麻。2013年1月6日《羊城晚报》报道：硕士研究生入学考试开考前，一位女生边跑边喊："妈，考场不在这里，快打电话，赶紧找！"如此重要的考试，为什么不事先确认考场呢？所以，从小需要培养孩子养成检查确认的习惯，胸有成竹才能充满自信。

第四节　培养孩子养成按规则做事的习惯

培养孩子养成按规则做事的习惯，是让人终身受益并且有益于社会的教育。

规则和秩序是社会公共生活中的基本准则。无它，则任何社会活动都无法展开。规则秩序有两种不同形式，其一是没有明文规定，只是人们在长期的公共生活中形成的道德经验与行为习惯，是一些约定俗成、共同认可和遵守的行为规范。如乘车购物按顺序排队，在影院、图书馆不大声喧哗，在公园不折花，不向水面抛掷脏东西，以及进入会场、影院放映厅前要放轻脚步、把手机调成静音或振动模式……其二是有明文规定，这就是社会公共生活中的公约、规则、规章、纪律，如交通规则、公园游人须知、商店的服务公约、学校学生守则、考试纪律等。它们通常带有一定的强制性，有的甚至是法律法规。

按规则办事是地球公民学会共处的基本准则。如果每个人只从自身利益出发，不遵守公共规则，不考虑他人的意愿，这世界必定永无宁日，也必定危及每个人的利益。对于儿童来说，养成自觉遵守规则的习惯，对于儿童社会化是十分必要的。

北京十一学校原校长李希贵是教育行家，他主张父母对孩子"少用权力，多用规则"。他分析道："咱们做父母的，真正需要的不是'赢'孩子，而是'赢得'孩子，让孩子理解而且信任父母。因此，规则不能单方面制定，必须和孩子协商产生。制定好规则后，父母也不能再随意地、无休止地对孩子提出各种各样的要求。如果孩子不遵守规则，父母要和善而坚定，要让孩子懂得遵守规则的道理。"

那么，具体来说，孩子的教育怎么体现规则意识呢？其实，教育中有大量规则在起作用，而引导人按规则行动是教育的基本原则之一。譬如，在各种荣誉或机会面前，是让孩子公平竞争，还是依仗权势、财势给孩子吃偏饭？就是典型的规则问题。

希望孩子成才是天下所有父母的心愿。但是，采取怎样的方法帮助孩子成才，对于父母来说就有了很大的区别。有的父母希望能给孩子创造好的学习条件，有的父母希望能给孩子一些经受挫折的机会，还有的父母则千方百计地找老师、找学校，总希望通过自己的力量使孩子受到额外照顾，得到老师或相关方面更多的关照。因而，有些父母为讨好老师，利用手中的权力或金钱给老师办事、送礼，甚至教孩子怎样去"笼络"老师。

事实上，这样对孩子的健康成长是没有好处的。有一名中学生，她的成绩虽然不是最好的，只是有些娇气。她的母亲想尽办法，请老师多关照自己的孩子。于是，这个女孩从小学到中学，一直吃着"偏饭"。学校里的三好学生总是评她，即使需要投票选举，老师也会想办法给她弄个指标；学校里各项活动的参与资格也总是归她，班里有好几名同学的作文水平都比她高，但老师还是让她参加作文竞赛……结果，这个女孩在班里一直被孤立，她感到内心很痛苦。另外，在一直被"照顾"的环境里生活，也使她渐渐养成了不能经受挫折的性格，遇到一点批评就掉眼泪。

可见，不按规则行事，对于孩子的成长是危险的。在孩子的成长过程中，孩子既需要自由和自主，又需要纪律和原则。纪律是一种以严格的形式体现的公平和关爱。我认为，遵守纪律与规则是父母赠给孩子的最充满爱心、最经得起时间考验的礼物之一。即使孩子受到惩罚，引导其遵守纪律与规则，也能使孩子吸取教训、为自己的行为负责，并能培养出讲究道德、成熟稳重的好孩子，正所谓"没有规矩，不成方圆"。

如何对孩子强化规则意识，我的建议是：

1. 提醒孩子。孩子的规则意识需要在日常生活中慢慢强化，要细心观察孩子，如果孩子的言行不符合规则，应该及时地提醒，孩子的成长是离不开成人的指导的。

2.让孩子通过自己的努力获得想要的东西。要告诉孩子，如果自己想得到什么，必须通过自己的努力去获得，特别要让孩子清楚认识到，通过"走后门""拍马屁""贿赂"等手段获得想要的东西，都是违反规则的，是错误的，甚至是违法的行为。

3.激励孩子。如果孩子的表现很好，或者对于你的要求表现得愿意合作，则可以对孩子进行激励或奖励，但不一定用物质奖励。如可以对孩子说：如果你今天表现得好，那么可以在周末安排一次郊外旅行活动，或其他你喜欢的项目等。将此作为对于孩子遵守规则的一种激励的方式。

4.经常和老师沟通。对于孩子在学校里的表现，家长需要及时了解，和老师进行沟通是必要的。沟通不是为了拉关系，而是为了了解孩子在校的情况，使孩子在真实、自然、和谐的环境里健康成长。

孙云晓 生活感悟

1. 培养孩子养成好习惯当然要具体可行。我建议全社会携手培养小学生的10个良好习惯：说了就要做；微笑待人，耐心听别人讲话；按规则行动；时刻记住自己的责任；天天锻炼身体；用过的东西放回原处；及时感谢别人的帮助；做事有计划；干干净净迎接每一天。

2. 为什么说好习惯成就幸福人生？因为幸福由许多优良品质构成，而只有习惯是稳定可靠的品质。教育家叶圣陶先生讲得透彻："教育是什么？往简单方面说，只须一句话，就是要养成良好的习惯。德育方面，要养成待人接物和对待工作的良好习惯；智育方面，要养成寻求知识和熟习技能的良好习惯；体育方面，要养成保护健康和促进健康的良好习惯。"

第三章 良好的学习习惯比高分数更重要

认知需要是最重要、最稳定的学习动机和内在动力。换句话说，孩子只要爱学习就有希望，只有爱学习的孩子才能体验到学习的快乐，才能够持久地学习。

良好的学习习惯比分数名次更重要，这是许多人成长的经验启示。父母们一般都非常重视孩子的学习，希望孩子考高分，得高名次。不少家长认为，如果孩子的名次能够一直保持在班级前面，他将来升学甚至考大学希望就大一些，这是可以理解的。但是实际上，孩子的学习习惯比他的分数更可靠，比名次更重要。

一个爱学习、会学习的孩子，必定有许多良好的学习习惯，而一个不爱学习、不会学习的孩子，也常常有一些不良的习惯伴随着他。一般来说，孩子如果养成了学习有目标、提前预习、认真听讲、完成作业、及时复习、正确使用学习用具、规范书写、积极提问和讨论、持之以恒等习惯，学习成绩不会差的。

第一节　爱学是万善之源，厌学是万恶之源

> 父母与教师的最大魅力在于吸引孩子热爱学习。我赞成北京某教师的两句话："爱学是万善之源，厌学是万恶之源。"

这是一个真实的故事：有三个女孩子读高三了，在高考的当天，她们拒绝参加高考，离家出走，躲起来了。三家的父母急坏了。事后三个女孩子很后悔，父母也很后悔，为什么呢？

因为这些父母都犯了多数父母容易犯的错误。有一次，某个女孩子好不容易考到了95分，回家满心欢喜地告诉父母，以为爸爸妈妈一定会表扬她。没想到她爸爸眼睛一瞪："95分你就翘尾巴了？为什么只考了95分而没考100分？"

诸如此类的责问使孩子丧失了信心。在她心里，她尽最大努力也不一

定能达到父母所要求的理想水平,她怎么能不沮丧呢?有这样心理状态的孩子,学习能学好吗?

1993年,哈佛大学的著名心理学家、教育学教授霍华德-加德纳以其划时代的学术专著《多元智能》告诉我们,每个人都至少拥有八种智能:语言智能、音乐智能、空间智能、数学逻辑智能、身体运动智能、人际交往的智能、自我认知的智能、自然的智能。这是八种独立而又平等的智能,而每个人的智能结构是不一样的。比方说,有的孩子对数字非常敏感,对解题特别有兴趣,这一类的孩子就属于数学逻辑智能发达;有的孩子对解字谜很感兴趣,对于优美的句子记得特别牢,对于好文章特别爱读,特别愿意讲故事,这一类的孩子就属于语言智能发达;同样一批孩子,都没有受到过舞蹈训练,但是有的孩子上来一表演,动作就比较协调,一般说来,动作协调的人就是身体运动智能比较发达,比如舞蹈家、运动员。因为人的智能是有差异的,这种差异就决定了有的孩子在有些方面表现很突出,但是有些方面就算很努力,成绩也往往不如意。

所以,作为父母,要明白孩子的学习能力是有差异的,他可能尽到最大的努力也不一定能达到你的要求。这个问题值得我们父母好好反思!反思什么呢?对孩子来说,最重要的是什么?是热爱学习!

孩子只要爱学习就有希望,只有爱学习的孩子才能体验到学习的快乐,才能够持久地学习。我建议父母朋友们、爷爷、奶奶、姥姥、姥爷们,你们要真想让孩子好好地学习,就要保持一个宽松的环境。就是说,孩子只要尽到努力就行了,孩子的学习态度、学习习惯、学习兴趣比分数重要。我相信,孩子只要有了好的学习习惯,只要热爱学习,就一定能够发展下去。我们在研究孩子的人格发展的时候发现,认知需要是最重要、最稳定的内在动力。聪明的父母、有远见的父母都不要计较孩子偶尔的得失,而是鼓励他去积极生活,去发展自己的兴趣,这将使孩子成为一个坚持奋斗、不懈努力、向着自己的理想目标不断前进的孩子。

我给家乡青岛的10岁女孩诺米(刘家辰)的书写过序言,因为借助她那支无限神奇的笔,我第一次对小学中低年级的学生生活有了形象生动的了解。从《诺米出蒸》到《诺米出蒸2》,两部儿童习作集就像童年生活的万花筒,其强大的魅力让我犹如返老还童,以一个小孩子的视角,感受着无尽的惊奇与欢乐。

细想一下,诺米的文字为什么妙趣横生?或者说,这个10岁女孩的文字初步形成哪些特点?或许可以概括为如下三点:

第一,童心绽放,不拘一格。诺米虽然是三个弟弟妹妹的姐姐和学生干部,却绝不是成人化的古板孩子,而是一个童真满满、喜欢玩闹的小精灵。她富有想象力,竟然把湿衣服放进微波炉试图快速烘干,她还偷偷剪开蚕丝被,抽出一些蚕丝用火烧或用水泡,只为验证是不是真的蚕丝。

第二,童言童语,风趣幽默。诺米虽然极其喜欢班主任兼语文老师车林琳,笔下却很少有仰视的赞颂之词,而总是以平等的视角写师生关系,甚至调侃车老师为车尔摩斯。在书中,她经常写自己和同学如何与老师"斗智斗勇",将她与同伴们五花八门的"招术"描写得十分生动,字里行间充满儿童式的机智与乐趣。诺米与父母感情深厚,喜欢用诙谐幽默的文字来写父母间的情感,也会写父母在生活中的纠结与无奈。

第三,热爱生活,积极乐观。许多调查研究都证明,小学生的学业负担沉重是个长期存在的顽疾。可是,诺米的生活既忙忙碌碌,也自由自在,她对自己的学校与家庭有很深的感情,似乎对每一天都有无限期待,每一刻都会爆发快乐,每个人的故事都对她有吸引力。当然,从诺米描写校园生活的方方面面来看,青岛市崂山区实验学校的确是一所素质教育的校园,也是儿童友好的校园。如果用四个字来概括诺米的心理特点,那就是"幸福"和"乐观"。

诺米9岁出版了习作集《诺米出蒸》,而10岁又出版《诺米出蒸2》,其写作的状态好似山泉喷涌,大有源源不断之气势,给人惊喜,也令人惊叹。于是,我就一直在试图破解一个谜一样的问题:是什么魔力让一个儿童文思泉涌?在《诺米出蒸2》中《人生第一次》里,诺米描述了《诺米出蒸》首发式的热烈过程，其中，班主任车老师的一番话可谓道破天机："诺米同学有今天这一笼糯米团出蒸，因为她是一个生活的有心人。每一个美好的事物就像我们生活长河当中的一个闪光的宝石，在闪着光。诺米呢，能把这漫天的宝石都撷取下来，放在这一笼当中，成为我们人生路中能够照亮我们生活的光源，能够让我们每个人循着光源发现生活中更美好的东西……"

最熟悉诺米写作之路的车老师用一句"生活的有心人"，道出了写作好的重要秘诀。读诺米行云流水般的有趣文章，我禁不住感慨万千：究竟是什么人用什么方法将诺米培养成为"生活的有心人"呢？谁都知道，许多小学生都害怕写作文，即使写作水平较高一些的孩子，也常常感觉小学生生活单调，没有丰富的素材好写。为什么诺米却如进宝山，似临大海，素材取之不尽，用之不竭。我曾经与诺米确认过，她笔下的文字90%都是真人真事，只有10%为艺术虚构。细想一下更是难以置信，她怎么会记住那么多一波三折的细节？难道她坚持写详细的日记吗？

某个周末，我在颐和园散步时还在思考这个疑问，并随即将疑问用微信向诺米和她妈妈提出，妈妈说诺米愿意自己来回答。于是，我收到了诺米长长的留言。她写道：

我的武林秘籍是什么呢？其实我哪有什么秘籍呀，我一直都感觉我每天的生活非常有趣，每天都不一样，我对每天都充满了期待。以前爸爸妈妈每天都会问我："诺米，今天有哪些收获呀？有没有开心的，或者不开心的事情啊？"在和爸爸妈妈的分享中，我知道我每一天都很美好，开心也罢，郁闷也罢，都是我美好的生活的一部分。我想，这就是我最初的"说生活"。

后来慢慢长大，我已经习惯了每天"说总结"。第一次突发奇想，尝试着把说的总结记录下来的那天，我把日记发给了车尔摩斯。从此，在车尔摩斯的"忽悠"中，说总结变成了写随笔。车尔摩斯会鼓励我动笔，会经常"催更"，会教我怎么写得更好。所以，我把写随笔坚持了下来。

再后来，可能因为又长大了一岁，我接触的事情慢慢多了，我发现我的生活更丰富多彩，更有挑战性了。我觉得我很幸福呀。您看，有陪着我观察一朵小花盛开、观察一只蜘蛛织网的爸爸妈妈；有陪我欢笑、陪我苦恼的弟弟妹妹；有鼓励我批评我、爱我教我的老师们；还有一群温暖的小伙伴，我们一同在多姿多彩的学校里成长。所以呀，我爱我生活的每一天，我愿意去记录每一天的酸酸甜甜。

关于我一再询问的如何记住诸多细节的问题，她说：

我会随时写下来。比如《作没的竞选》那篇，就是在发生当天完成的。在发给车尔摩斯的时候，车尔摩斯的回复是："神还原。"时间久了容易忘呀，要是当天没有时间全部完成，我会把细节简单记录下来，然后一周之内肯定会完成。

我之所以如实记录下这段对话，是因为这对于广大的小学生及其父母和教师极有益处。也就是说，这段对话揭开了儿童文思泉涌的秘密，并提供了具体的操作方法。

对于初学写作的儿童来说，父母坚持与孩子在一起"说生活"，就是最好的启蒙与引导。因为小学生往往愿意与父母说校园生活，如果父母愿意听并加以引导，孩子就可能认清生活、热爱生活。读写之间说为桥，知道说什么和怎么说，就等于掌握了写什么和怎样写。将孩子说的录下来，再整理成文章，也是破解写作难题的有效方法。

诺米从"说生活"到"说总结"是一个提升，总结就是画龙点睛，就是提炼出生活的价值和意义，自然是一个飞跃。在老师的建议下，将"说总结"发展为写随笔，并且不断完善谋篇布局的笔法，这就进入了更具突破意义的写作轨道。随笔的价值在于随时随地记下细节与灵感，这是成就诺米写作奇迹的核心环节。妈妈曾经把诺米的习作精心编辑，装订成册，名为《诺学琼林》打印出来，这种做法对于激励孩子坚持写作颇有益处。

近年来，国家在倡导家校协同育人，这是现代教育的必然要求。诺米之所以能够创造写作奇迹，就是家校携手育人的结果。不应该将写作仅仅理解为语文课的任务，实际上，培养写作能力更为紧要的是人生观、价值观和世界观的引领，这也是实现立德树人根本任务的重要途径。从诺米五彩缤纷的笔下，我们可以看到真善美的勃勃生机，这就是希望所在。

早在1980年8月，那时我是《中国少年报》的一名年轻编辑，有机会接待著名儿童文学作家任溶溶，心怀文学梦的我经常向这位名家请教如何写作。临别时，任溶溶老师送我一句话："动者恒动，一定要写起来！"任溶溶老师的这一赠言，意思是坚持写作，养成习惯，才是学习写作的最佳方法。在这里，我将"动者恒动"四个字转赠于诺米，希望她能够长期坚持写作和不断探索创造，这样必将终身受益。当然，这番话也愿意与所有喜欢写作的朋友分享。

那么，父母究竟如何让孩子爱学习呢？我的建议是：

第一，改变观念，认识到学习习惯的重要性。有了好的学习习惯就可能会有好的成绩，而且是取得好成绩的最稳定的因素。因为学习是一个过程，在这个过程当中，需要很多的习惯来支撑。习惯是人的一种稳定的行为，它就是学习好的最重要的保证。所以父母要特别关心孩子的学习习惯，比如：上课认真听讲；课后独立完成作业；认真预习，认真复习；写字坐姿要正确；作业要干净；能够采取各种有效的学习方式，包括利用各种现代的工具……这些都是优良的习惯。

第二，了解孩子的智能特点。作为父母，要特别关注自己孩子的智能特点。比方说有的孩子数学逻辑智能偏差，怎么办呢？家长要鼓励孩子，关注他的学习状态，孩子通过好好学习，能达到一定的水平，比方及格或者再好一点，但是你不能要求他拔尖。孩子在他强项的学科里面，可以尽量地往前冲，达到比较好的水平，使他充满信心。但是，对孩子的弱项要求要适度，只要尽到努力了就好。我们对孩子要有一个清醒的认识，不要制造"冤案"，不要逼迫孩子，否则会打击孩子的自信心，其结果是得不偿失。所以说最好的方法是扬长补短，父母要帮助孩子体会学习的快乐，让孩子享受学习的乐趣。

孙云晓生活感悟

1. 兴趣与习惯对孩子的发展无疑是重要的，有兴趣才有动力，有习惯才有保障。但是，比兴趣与习惯更重要的是自信，甚至可以说，没有自信就没有一切。过高的期望、过重的压力和过度的包办，都可能让孩子失去自信，因为自信来自成功的体验。你认定自己是什么人，才可能成为什么人。

2. 对儿童来说，积蓄正能量就是培养正当的兴趣和执着探究的习惯。兴趣浓厚而又有坚韧不拔的毅力，这是许多杰出人才最鲜明的特点。有研究者在35年的追踪研究中，对1528名天才儿童中最有成就的150人和成就最低的150人进行了差异比较，发现人格因素是影响成就的重要决定因素。

第二节　培养四个基本的学习习惯

学习的核心是勇于创新。对于中小学生来说，有四个习惯是最基本的：上课认真听讲；独立完成作业；课后复习；课前预习。有这四个习惯的孩子，学习基本上都会好的。要引导孩子明白，自己是学习的主人，是为了自由和幸福而学习，一时的得失没什么了不起，相信自己。

一、认真听讲是学习好的第一习惯

相传，古时有个画家喜欢画虎。一次，他刚画成一个虎头，有位朋友请他画匹马，画家顺笔一挥，在虎头下面添上了马身。朋友问他："你画的是马还是虎？"画家答曰："管它是什么，马马虎虎！"朋友生气而去。

画家把这幅画挂在墙壁上。他的长子问道："爸爸，上面画的是什么呀？"画家漫不经心地答道："是马。"次子见了也问他，画家又随便答道："是虎。"两个孩子遂马虎不辨。一日，老大遇到老虎，以为是马，想骑它，结果被虎吃掉；老二碰上一匹马，却以为是虎，拉弓将马射死。于是，人们便送给画家一个外号"马虎先生"。

这是马虎一词由来的一种传说。

《现代汉语词典》是这样解释马虎的："草率，敷衍；疏忽大意；不细心。"在我们的生活中，"马虎"现象几乎无处不在。学习马虎问题是儿童学习生活中比较常见和容易忽视的问题，它是许多父母急切希望解决，但又不知如何解决的问题。

有的父母认为马虎是小毛病，只要孩子聪明就行，马虎是件小事儿，不是什么大问题，以后注意就可以轻松改正。但事实并非如此。

在上课时，孩子"马虎"的表现是：东张西望，不注意听老师讲课；

心不在焉，对教师讲的内容不感兴趣；做小动作，注意力不集中等。

对于孩子上课时的表现，老师最有体会，也了解得最清楚。这样的表现破坏了儿童学习中听与想的环节，影响了儿童对所学知识的理解，同时也影响了儿童良好心理素质的形成。孩子上课如果不能认真听讲，而是"马虎"对待的话，可能会造成的直接后果是学习成绩也"马虎"。

按照我的观察，我觉得学生的分化，即孩子分为学习好的和学习不好的，往往是在课堂上分化的。有的孩子坐在课堂里却"身在曹营心在汉"，东张西望，胡思乱想，老师讲什么都不知道，这样的学生，他的学习慢慢就会出现"滑坡"；而有的学生注意力非常集中，总是跟着老师走，他就很容易成为好学生，学习成绩优秀。所以说，上课认真听讲是学习好的第一步、第一习惯。

一般来说，老师上课时的安排是有规律的，先复习上节课的内容，再讲新课，最后留作业。小学老师授课的内容、教学方式等，是根据儿童的年龄、心理发展的特点，按照教育部教学大纲要求来备课的。老师上课时语速比较慢，对所讲的问题，尤其是新课的内容，会反复讲，反复练习。如果孩子上课时不能认真听讲，老师讲新课时没有听到、听懂，回家写作业时就会出现不懂、不会或做错的现象。上课时注意力不集中的问题如果不能及时发现，会直接影响孩子对新知识的掌握。

《羊城晚报》登过一篇报道，我觉得很耐人寻味：一对农民父母把两个孩子培养成大学生。这对农民夫妇的文化水平很低，他们用的是什么办法呢？父亲对孩子说："你们上学，我们很羡慕，你们上学回来，教我们学习好吗？"农民夫妇从地里回来，就老老实实地跟着这两个孩子学习。孩子有一个特点，特愿意给父母当老师，他们为了当好这个老师，特别用心地听课，好好学习。坚持了很长时间，这两个孩子养成了认真听讲的好习惯，学习成绩优良并且稳定，顺利地考上了大学。

根据我们多年的研究发现，实际上，孩子上课不能够认真听讲的原因，有时并不在学习方面。比方说孩子没睡好觉，他就烦躁不安；有的孩子跟同学关系不好，老担心下了课谁会欺负他；有的孩子上课的时候还想着昨天的电视，或者刚看过的精彩电影；有的孩子可能惦记着书包里装的小说；甚至还有一些孩子是生理上有问题，比方说有的男孩包皮问题没有解决好，上课经常在那里坐不住，难受。所以孩子上课不能认真听讲可能有各种各样的原因。我希望父母和老师能有一个清醒的认识，为了保证孩子上课认真听讲，我们不仅需要给孩子提出一定的要求，也需要提供一定的帮助。我的建议是：

1. 帮助孩子排除各种干扰，做好上课的准备。孩子需要成人帮助他排除上课时受到的各种干扰。作为父母，首先应该让孩子在家时就做好上课的准备，要督促孩子整理好书包，准备好上课需要的学习用具。孩子可能因为一件很小的事情就注意力不集中了，比方说某一门课的课本忘记带了，老害怕老师会来点他的名，一上课就在想怎么躲过这关，这一课就上不好了。所以要做好课前的准备，让孩子心情愉快地、自信地去上课，这样孩子就没有后顾之忧。这就需要我们大人对孩子多一些关心，培养他的好习惯，要精力充沛，保持很好的状态。越在低年级，越容易出现上课注意力分散的现象，因为小孩经常分不清楚什么是重要的，什么是不重要的，他可能因为丢了两毛钱，一天都惴惴不安。所以父母要细心帮助孩子。

2. 保证孩子的正常睡眠时间。有的孩子不能在课堂上认真听讲，有部分原因是过度疲劳。还有的孩子因为家庭作业太多，加上课外班负担重，又没有养成良好的习惯，影响了正常的休息。没有足够的睡眠与休息，肯定会影响孩子第二天的正常学习。研究表明，如果人长期睡眠不足，脑供氧就会缺乏，脑细胞就会损伤，脑功能就会下降。睡眠不足，孩子的抵抗力会下降，学习成绩会受到很大影响。父母要认识到睡眠对孩子健康成长的重要性。剥夺孩子的睡眠，就是剥夺孩子的成长。按照国家规定，小学生父母要保证孩子每天10个小时的睡眠时间，初中学生父母要保证孩子每天9小时的睡眠时间，高中学生父母要保证孩子每天8小时的睡眠时间。让孩子养成定时睡眠的好习惯，是帮助孩子的学习取得好成绩的重要"法宝"。

3. 积极与老师配合。及时了解孩子上课能不能认真听讲，注意力是否集中，还要经常与老师联系。如果发现问题，就赶快采取措施，消除各种干扰因素，使孩子能在课堂上专注地听讲，因为上课认真听讲是提高学习效率的根本方法。

二、培养独立完成作业的习惯

有些学生不会学、不爱学是常见的问题，许多父母和学生处于烦恼之中。有些父母经常抱怨，孩子有时太依赖父母。孩子对别人、对父母存在一定的依赖性是非常正常的现象，甚至是健康的，但存在一个"度"的问题。作为父母，就应当正确地帮助孩子掌握这个度。在学习上，如果孩子过度地依赖父母，就会导致孩子不会检查、纠正自己家庭作业中的错误，在课堂上不能独立思考问题，或者不能主动结交朋友等问题，这对于他的成长是十分不利的。

说到作业，很多父母都感到头痛。有些孩子写作业不认真，东张西望，甚至还看电视、吃东西；有的则要大人陪着、看着，一不看着就不好好写。作业写不好，学习就很难好；还有的孩子对自己不认真写作业"理直气壮"："我都会了，不用写这么多作业！你看我考试成绩不是挺好的吗？"

作为父母，该怎么办呢？

其实，写作业有利于孩子的学习。为什么呢？

德国心理学家艾宾浩斯曾发现了人的"遗忘曲线"，也叫"保持曲线"或"记忆操作特征曲线"。他发现，人在识记后的最初一段时间里遗忘速度较快，此后逐渐减慢，并稳定在一个水平上。后来的研究进一步发现，对材料进行适当学习会达到最佳的记忆效果。这就是说，当你学了新的知识之后，如果你能及时地进行练习，就非常有助于你的记忆和理解，而且不容易忘；如果不及时练习，就容易忘记，这是人类记忆方面的一个规律。这就是说，再聪明的孩子，也需要及时地进行作业练习，否则他会很快把当天所学的知识忘掉，因为人是不能违背规律的。作业有助于孩子对知识的记忆和理解，所以每天及时完成作业是学习好的保障，有助于提高他的记忆能力和理解能力，而这些能力对于孩子的学习十分有好处。这个习惯一定要养成。

在现实中，许多父母常常叫苦："现在孩子读书，大人比孩子还累！"这是因为许多年轻的父母为使孩子认真学习，做"陪写"者，电视可以不看，其他事情可以放下不做，"陪写"是头等大事。孩子写多长时间的作业，他们就陪多长时间，绝对一陪到底。有的父母在孩子遇到解答不出的难题时，就"挺身而出"帮孩子解答，甚至替孩子写。

有一位妈妈是广大"陪写"族中的一员。学校放暑假后，她不得不把"陪写"的形式从面对面改为遥控，每天都要向家里打数个电话，督促孩子写作业，听到家里的电视声，就会对着话筒发威："又看电视了是不是？关掉！作业写好了再看！"她的孩子遇到一点点难的题目，就要打电话问妈妈："妈妈，这道题目怎样做啊？""妈妈，这个字谜我猜不出。"这位妈妈就在电话里当场替孩子解答。遇到一时解答不了的问题，她就记下来，待解答出来了再打电话告诉孩子。同事问她："干吗这么累呢？让孩子自己做不好吗？"她说："有什么办法呢？现在学生的作业这么难！"由此可见父母的苦心。

其实，父母"陪写"是一种吃力不讨好的事情，因为"陪写"会给孩子带来一种强迫感、压抑感。此外，"陪写"可能让孩子产生依赖情绪，懒得动脑筋。

父母在孩子写作业时，可以给孩子提供适当的辅导、点拨和启示，但我不赞成包办代替式的"陪写"。书是孩子读的，作业应是孩子自己写的，不要越俎代庖。父母要培养孩子独立完成作业的习惯。独立是要靠自己的，父母尽量不要陪读。如果你陪读，也要以不陪读为目标，教是为了不教，陪读就是为了不陪读，这样才是明智的做法。给孩子一个独立面对的体验，让孩子慢慢养成专心写作业的习惯。比方说，写作业的时候不要看电视，不要吃东西，不要东张西望。独立完成作业的习惯，就是孩子学习好的重要的保证，就使他的独立思考能力得到了很大的发展，而这对于孩子的学习与成长是极为珍贵的。

我的建议是：

1. 从检查自己的行为开始。孩子写作业不认真，不能独立完成作业，其实很多时候与父母的某些行为相关。父母要不时地检查自己，孩子做作业时，不要总留在一旁监督、辅导。父母可以明确地告诉孩子："学习是你自己的事情，应该由你自觉地完成作业，我们只是在你确实有需要的时候给予帮助。"

2. 启发诱导，不包办代替。有的孩子由于年龄小和贪玩，父母对其进行一些督促是必要的，但应适可而止。孩子做作业时，父母可以提出适当的质量要求、时间要求以及注意事项；在孩子写作业的过程中可给予提醒；写完后再检查完成情况。在孩子的学习过程中，需要相对独立、安静的空间，父母决不能过分干扰。美国社会行为研究专家库柏教授认为："学生家庭作业的真正目的，并非是使学生很快地提高成绩，而是促使他们养成积极的学习态度、良好的学习习惯，打破家庭不是学习场所的观念。"所以，应该教会孩子学习与思考的方法，让孩子成为学习的主人。

3. 经常鼓励孩子独立自主地做事情，而不要怕犯错误。有一位母亲，曾经让女儿自己用录音机听写来培养独立学习的能力。她认为用录音机听写的好处很多：录入听写内容就是一次专心复习的机会；让孩子操作录音机，使孩子觉得自己很能干，可以增加孩子的学习兴趣；在录完听写内容后，让孩子把书交给父母保管，也可以让孩子感受到父母对诚实的重视，培养孩子诚实的作风。

4. 与老师保持联系。让老师知道你对孩子的担心，并和你互相配合，以便与你的措施和奖励保持连续性和一致性。

三、预习者是学习的主动者

古人语："凡事预则立，不预则废。"对于学习，我们都知道，养成预习习惯是十分重要的。我的体会是：预习者是学习的主动者，因为他可与老师"同频共振"。

"同频共振"是什么意思呢？"共振"是物理学中的一条规律，就是指物体在遇到与其固有频率接近或相同的振动时，会同时振动或振幅增大，而遇到频率不同的振动则不然。人与人之间，如果能主动寻找共鸣点，使自己的"固有频率"与别人的"固有频率"相一致，就能够使人们之间增进友谊，结成朋友，发生"同频共振"。

在课堂教学中，"同频共振"是指当教师的教学艺术与学生的思想认识达到同一"频率"时，师生间就会产生认识、思想、情感等方面的"共振"或"共鸣"，会出现师生双方的思维处处呼应、时时合拍、步调一致、达成共识的情况。如果具体地针对上课前预习这个情况，也就是说，预习者是主动者，他能主动地参与到老师的讲授当中，与老师实现"共鸣"。

在学习新课之前，孩子如果已经有所预习，就对老师所讲的内容有了一个大概的认识。如果能够带着问题上课，效果会更佳。那么在老师的讲课过程中，他会有所侧重地听讲，而且思维会一直跟随老师，注意力会很集中，这样的听课效果就很好。这就是我们常说的"不打无准备之仗"，有了准备，就能更好地学好老师在课堂上讲的知识。

因为我们也当过学生，都有很深的体会。有的时候孩子贪玩，根本没看书，进了教室还不知道这节课是什么课，老师进来之后才摸出书来，老师讲的时候才开始听。如果孩子自制力稍差，很容易开小差，那结果是听课一知半解、接不上茬、稀里糊涂。一堂课一堂课稀里糊涂下去，知识难以掌握，学习成绩必定下滑。

如果你在课前做了认真预习，你发现了疑点，你提出了问题，你已经做好了听课的一些准备，这样你在上课的时候就会发现自己的注意力特别集中。因为你是带着问题来上课的，你是来向老师提问的，你是有意地要听老师这个问题是怎么讲的。而且孩子还都有天然的表现欲，如果今天在课堂上能提出一个问题，而且是一个高水平的问题，会感到特别地自豪。

要知道，这样的心理状态是非常适合学习的。带着问题上课，就能提前进入角色。相比之下，别的学生可能是心不在焉，而由于你注意力非常集中，上课所讲的知识你都能掌握，会产生学习的成就感，而这种成就感就能转化为独立自主学习的内在动力。

尤其是在今天，我觉得课前的预习特别重要。目前教育部在推进新课程改革，现在的新课程改革有什么特点呢？题量减少了，上课的创造性给学生提供了很大的空间，这个时候就需要你动脑筋才能发现问题。因为新课改的基本精神是要激活学生的创造性思维，培养学生的创新能力。能养成预习习惯的学生就能不断地思考问题、发现问题、提出问题，逐步养成一种探索的精神，这将会大大提高学生的学习能力。

国际21世纪教育委员会向联合国教科文组织提交的教育报告《学习——内在的财富》一书指出，21世纪是学习的世纪，终身学习是21世纪人的通行证，而终身学习通过学会求知、学会做事、学会共处、学会做人来实现。其中提到的学会求知就是要求我们有强烈的学习动机，有探索未知的热情，有实事求是的科学态度，有丰厚的人文精神等。总之一句话，就是要让学生成为学习的主人。

许多教师和父母都反映，孩子越大，上课越是不愿意举手回答问题。大多数成年人是这样解释这种现象的：一是孩子长大了，害羞了；二是孩子学习的独立性增加了，愿意自己独立钻研。我们曾经在一个相关的课题研究中发现，当堂举手提问和回家问父母的人数比例随年级增高急剧减少；翻阅教科书或参考书，自己找答案的情况随年级增高逐渐增多。这虽然反映出学生的学习独立性随年龄增大逐步增强，但是也反映出学生在课堂上学习的主动性和积极性状况是令人担忧的。

所以说，特别要注意培养学生养成认真预习的习惯。提前预习，可以锻炼孩子独立思考的能力，有利于调动孩子在课堂学习中的主动性。

但在现实中，许多父母并没有对这个习惯加以重视，也就忽略了培养孩子的预习习惯。一般说来，许多父母认为，每天督促孩子完成作业都是一件十分头痛的事情，何谈预习呢？没有时间和精力呀！其实，让孩子养成预习的习惯并不难。我的建议是：

1. 父母要认识到预习习惯养成的重要性。不仅自己要清楚预习是学好知识不可忽视的一个环节，还要让孩子也知道，做好预习，是他上课能认真听讲以及真正掌握好新学知识的有力保证。认识清楚了，才能使父母在家教实践中坚持指导并督促孩子做好预习。如果父母不能坚持下来，孩子也难以养成这个习惯。毕竟任何一个好习惯贵在坚持。

2. 教给孩子一些预习的方法。在学习新课之前，首先让孩子把新的课文提前读一读；其次让孩子学会对新的知识点提问题，要有"疑问"；对于高年级的孩子，可以让他学习分析所学知识的重点是什么，做到心里有数。必要的时候甚至可以做一个预习的笔记，提示自己。课前预习一般有四步：把课文（新知识）看一遍、发现问题、考虑课文的重点、做好预习笔记。我想，凡是这样做的学生，上课的时候注意力一定集中，因为他是带着问题来的，他的收获一定比别人大，这就是成功学习的奥妙之一。

四、"重复是学习之母"

孔子说："学而时习之，不亦说乎？""温故而知新。"德国哲学家狄慈根说："重复是学习之母。"这都告诉我们，学习的过程中，复习这个环节是很重要的。

读书学习有一个把书变薄再变厚的过程，即读完厚厚的书或学完长长的课文，经过反思会悟出最紧要的东西，这就是把书由厚变薄。抓住最紧要的东西，加以联想、引申、升华，薄薄的东西便逐步加厚，又成为一本厚书。但这已经不是原来的书，而是学习者个人独造的书。这就是一个复习的过程，体现的是复习对再造式学习的"神奇"力量。

具体说来，复习是在学习一段时间之后，把学过的知识进行全面温习，这样会对他的学习有很大的巩固作用，是一个融会贯通、梳理整齐的过程，是对所学知识的一个整体的巩固过程。可以说，复习的水平决定掌握知识的水平。因此复习水平的好坏，对一个学生的学习是非常重要的。另外，复习有利于提高学习效率，减少孩子因遗忘或记忆不清而导致的在做作业时的"磨蹭"现象。

在小学低年级的时候，由于学习科目和内容比较简单，学生只要课上能认真听讲，课后做很少的作业，最多默写一些生字，学习的内容就能基本掌握了。即便如此，那种忘了带书本，忘了老师留了什么作业，或忘了写作业的事情也时有发生。随着年龄的增长，学习的内容逐渐复杂，学习的科目也增多了，这时如果没有消化好老师课堂讲的知识，又没有养成良好的复习习惯，做起作业就显得磨蹭了，往往几十分钟的作业要花上整整一个晚上的时间，甚至第二天还交不了作业。父母为此很苦恼："才写两个字就开始玩，要是他能拿出看电视、玩游戏的认真劲儿写作业，就不用操心了。"写作业拖拉的孩子，他们往往会边写作业边翻看书中内容，总是处于一种被动状态，更难以全面地掌握所学的知识。其实，如果父母能督促孩子在写作业的时候先进行复习，则可能会改善孩子写作业拖拉的状况。因为老师留的作业不一定能把所学的内容都包含进去，如果孩子在做作业前先复习，则可以在做作业时做到心中有数，既巩固了学习的内容，又可以提高写作业的速度，这样，就可以取得事半功倍的学习效果了。

如何让孩子养成认真复习的习惯，我的建议是：

1. 及时复习。及时复习的方法是根据人的记忆规律总结出来的。父母可要求孩子在每次大考之前先复习，小考之前也要复习，复习要成为平时养成的一种主动的学习习惯。比方说学完一课或者学完了几课就要复习，最好当天的功课当天复习。

2. 运用多种多样的复习方法。比方说英语就是特别需要及时复习的一门功课。孩子不一定非常喜欢这种外国语言，所以复习的方法就是多加练习。学英语没什么诀窍，就是一定要多讲多练。我有一个朋友学外语学得非常好，他是怎么学的呢？他在冰箱、柜子等地方都贴上外语单词，甚至他与别人交谈、洗澡、吃饭、刷碗、睡觉时，心里都想着用外语如何表达，这就是在日常生活中给自己创造了很多不断复习的条件。也可以指导孩子进行阶段复习，包括章节复习和科目总复习。让孩子学会通过看课本的目录，回忆已经学过的知识，还可以用列表的方法整理知识，并教给孩子一些科学的记忆方法：眼、耳、手并用，即自己看，与别人讨论，用手等各种方式综合记忆，读背结合等等。

3. 帮助孩子建立学习档案。什么叫学习档案呢？当孩子学习上出现问题的时候，不着急，而是让孩子自己把问题或错误记录下来，这样会有助于他改正错误，避免重犯。对孩子的学习问题，我有个发现，比方说他在中考、高考中容易犯的错误，往往就是他日常学习中容易犯的错误。小错不改，终成大错，因为人就是容易形成定式，一种错误的理解不去认真地校正，他就会错下去，而且成为一种错的习惯，这就比较可怕了。而建立学习档案的方式就可以有效地改正这种习惯性的错误，把规律性的错误改掉了，再偶尔出现的错误就比较好办了。比方说孩子做错的题，父母可以指导孩子把它们记录下来，这个题错了，错在了什么地方，搞一个错题集。也可以准备一个错字集，指导孩子把经常错的字记下来。慢慢他就积累了，然后就发现错误的规律：什么类型的题容易出错，找原因；什么样的字容易出错，也找原因。通过这样的方式，能发现他在学习上容易出错的原因。经过老师指导或父母辅导，孩子犯过的错误很少会重犯，这是一个非常有效的经验，希望广大父母尝试一下。

孙云晓
生活感悟

1. 人们的各种交往方式中，听占45%，说占30%，读占16%，写占9%。这说明人有一半的时间是在听。听是信息输入的阶段，是信息加工的第一步。倾听是获取外界信息的关键，是高效学习的基本功。孩子是否会倾听，将直接影响其学习能力和社会交往的能力。

2. 儿童的学习过程不仅仅是学习知识的过程，也是培养好习惯的过程。朱熹在《童蒙须知》中要求："凡为人子弟，当洒扫居处之地，拂拭几案，当令洁净。文字笔砚，凡百器用，皆当严肃整齐，顿放有常处。取用既毕，复置元所。"可以想见，当孩子坚持做这些事情的时候，他也就做好了学习的心理准备。

3. 武汉一位父亲担心地问："习惯培养会不会束缚孩子的创造力呢？"习惯培养的确是一把双刃剑，关键看培养什么习惯及如何培养。我们10年课题研究的结论，即习惯培养以健康人格为导向，如学习方面侧重培养主动学习、独立思考、学用结合、总结反思等习惯。这样的好习惯是人的解放，而不是枷锁。

第三节　带孩子走研究型学习之路

> 21世纪是一个终身学习的时代。我们该学什么？该怎么学？联合国教科文组织的国际21世纪教育委员会在研究报告中提出了"学会求知""学会做事""学会共处""学会做人"四大知识支柱。其中，在"学会求知"中提出了学习的新概念，即学会管理知识和处理信息能力，倡导研究型学习。

在女儿的成长过程中，我非常支持她走研究型学习之路。女儿真正尝试着走这样的路是从高二暑假开始的。有人可能会想，对于一个即将升入高三的学生来说，哪里还有时间去做研究？把心思全用在功课上还怕不够呢。我却固执地认为，对于学生来说，最重要的是热爱学习，而不是过度学习。所以，我希望女儿能有机会研究她感兴趣的东西。

恰好，清华大学为中学生办了一个研究型学习网，即云舟网，一个新的学习团体。女儿经过申请成为云舟网的学员，经常上网与师生们讨论问题。在新的领域，女儿有了自己的思考和见解。她在讨论中相继发表了一些评论，如《语文是民族文化的根而不是工具》《文学是我们飞翔的翅膀》《世俗如潮，诗魂何在》等等，并受到北京大学著名文学教授曹文轩先生的好评。然而，女儿仍感到落后于同龄人，总想突破自己。

这时，我给她提了个建议，希望她利用到日本民宿的机会，做一项调查研究，了解日本青少年某方面的真实情况，并把了解到的情况写成研究报告。后来，女儿告诉我，她认为中日青少年各有优缺点，希望到日本青少年中做些调查，然后进行比较研究。我当即表示支持，并为女儿请了老师教她设计问卷和抽样方法。

我一直为女儿担心，如此复杂的社会调查技术，一个高二学生能够掌握得了吗？又是这么短促的时间，又是到外国去发放问卷，会不会乱了套？但我很快发现，我的担心是多余的。在老师的帮助下，女儿充满自信地设计着问卷，甚至还轻松愉快。坦白地说，我做了这么多年的研究，主要是做策划、分析和写作、审稿，很少具体设计问卷。所以，我不能不对女儿刮目相看。

更让我欣慰的是女儿的感慨。当我赞扬她走上了研究型学习之路的时候，她的话让我思考。她说："这就叫研究型学习啊？太有意思啦！如果天天这样学习，我们学生谁都不会厌学！"经过一番奋斗，女儿写出了两万字的《中日中小学生勤苦状况对比研究报告》，发表在2001年第3期《中国青年研究》杂志上。另外，她还写了9000字的长文，题为《我眼中的日本同龄人》，发表在《中国青年报》"冰点"栏目上。此文一出，引起强烈反响。《作家文摘》《青岛晚报》《海口晚报》及多家网站纷纷转载并讨论，中央人民广播电台午间一小时节目组还来我们家录制专题节目。

通过这样一段经历，我发现，引导孩子走上研究型学习之路，实在是好处多多。女儿在研究中学到了很多知识，设计问卷、发放问卷、抽样选择、访谈、对问卷进行分析处理、看数据报告、查阅数据等，这些知识如果都在课堂上讲授，也许她会对那些枯燥的数字和方法感到厌倦，但因为这是她自己选择的题目，便有了内动力，做起来特别起劲。更奇妙的是，高三的那个寒假里，女儿既补习功课，又继续把研究做完，还出版了《成长悟语》一书，这也间接地缓解了高考的压力。

我想，《成长悟语》的出版是女儿成长中的一个坚实的脚印，是她走上研究型学习之路的一个良好开端，对她未来的选择与发展产生了积极影响。

引导孩子走上研究学习之路，真正懂得求知的学问，我的建议是：

1.研究题目最好由孩子自己选择。孩子的研究型学习应以趣味为主。应当允许并鼓励孩子自主选择研究题目，父母不要加入太多的意见，可以在孩子选择的前提下给些建议和帮助。一般来说，只要是孩子感兴趣的题目，父母都可以鼓励孩子试试。

2. 给孩子提供一些实现课题研究的途径，但不要代替孩子去做。也许孩子提出的课题研究项目有些不切实际，甚至异想天开，父母或教师不要斥责孩子，不可打击他们的积极性。相反，应教会孩子一些做研究的方法，例如，如何通过互联网和图书馆寻找资料，如何把资料进行分类整理，如何进行抽样调查，等等。父母如果指导不了，可以另请人指导，但目的只是让孩子自己去探索，千万不要代替孩子去做。

3. 让孩子保持毅力，坚持到底。研究虽然是在趣味中进行，但要把研究真正做好，肯定要经历枯燥的阶段，这时候也是锻炼孩子毅力的重要机会，父母要及时发现和表扬孩子的优点，鼓励孩子坚持下去。研究型学习重在过程，不一定要有多么重大的成果。

孙云晓 生活感悟

1. 引导孩子养成良好的学习习惯有两个法宝，一是自信心，二是好方法。日本学生指导学会常任董事长诸富祥彦教授认为，学生养成学习习惯有四个要领：一是减少学习时间和学习量；二是玩完以后再学习；三是父母和孩子最好一起学习；四是选择简单易懂的练习题，一切以自信心为前提。

2. 之前我与教育专家杨东平教授讨论一个问题：北京十一学校的改革经验，如取消班级和班主任、学生自主选课等等，是否适合所有中学？他认为适合所有中学，只适合名校和优质生源的改革没有意义。由此想到孔子"有教无类"的教育思想，生源一般的学校更需要激活主动性，但这对师资是挑战。

第四节　学习中，养成专注的习惯更重要

无论是家庭教育还是学校教育，养成孩子的良好习惯都是极为重要的方法和目标。教育家叶圣陶先生甚至说，儿童教育就是养成好习惯。但是，如果仔细观察会发现，每个人的行为都是多种习惯的综合反应，而多种习惯的重要性有所不同，需要特别重视核心习惯的培养。

2016 年 4 月的一天，我要坐高铁到河南洛阳去讲课。我早上 5 点 50 分从家里出发，坐上昨夜预约的出租车就直接来到了北京南站。从自动取票机取出火车票一看，我傻了眼，因为上面显示的上车地点为北京西站。临时改换车站，我还能赶上车吗？

如果赶不上这个车次的高铁，就可能会耽误上课，所以我顿时冒出了一身冷汗。

好在另外一个好习惯救了我，那就是每次出行我都会留出充裕时间，至少提前约一小时到火车站。于是我赶紧又找出租车，司机理解我十万火急，抄近路从南站赶往西站，加上我下了车一路急跑，终于赶上了这次高铁。

上了火车后，我就开始反思这件事带给我的教训。我有了两个感悟：第一，我做事留有余地的好习惯帮我化解了此次突发难题；第二，想当然的坏习惯带来危机，不容小觑。如果说这次想当然的习惯造成的还只是小麻烦，在某些时候则可能带来大麻烦，甚至是致命的伤害。

1982 年，美国发生了一起严重的坠机事故。一架从华盛顿特区开往劳德代尔堡的波音 737 喷气式飞机，刚起飞没多久就撞上了第十四街大桥，然后坠落在波托马克河中，造成 74 人死亡。

事故发生后，调查局最终发现，造成飞机失事的一个重要原因是飞行

员在起飞前对飞机的控制检查存在严重过失。按照飞机操作规定，在飞机起飞前，机长和副机长要对飞机各项设备进行检查。在这个过程中，有个检查项是检查飞机发动机的防冻装置，但是机长按照往常经验，把这个防冻装置给关掉了。

这位机长为什么这么做呢？因为他生活在美国南部，那里的气温高，每次飞机起飞时的防冻装置开关都是关闭的。但他这次忽视了一个变化，当时美国华盛顿还是冬天，而且那天还有暴风雪。正是这名机长在想当然状态下的操作失误，让飞机的发动机带冰运行，最终因为发动机的动力不足而坠毁。

从心理学的角度来看，想当然是一种潜念状态。什么是潜念呢？这是哈佛大学第一位获得终身教职的心理学教授埃伦·兰格所提出的概念。我曾经与兰格教授进行过深入的交流，与她的长篇对话内容收录在我的专家访谈集《用心教养》里，并在《中国教育报》上有过详细报道。通俗来讲，潜念就像自动驾驶，它是不断重复、追逐固定答案和单一方法的心理状态。比如我这次去错火车站就是一种潜念的表现，因为我以前出行乘高铁大都是从北京南站出发，所以我就把高铁与北京南站想当然地联系在一起了。前一晚上，我预约出租车时，想都没想就把南站写为目的地。之所以发生错误，是因为我重复着以往的经验和判断，根本没有想到这次高铁会从其他火车站出发。

我这次所犯的错误，刚好印证了潜念的特征：

（1）局限于自己过去对事物的分类；

（2）自动妨碍人们去注意环境的新变化；

（3）只通过单一视角看问题；

（4）只通过一种方法解决问题。

人处在潜念状态，会让我们陷入刻板的思维定式中，可能忽视当下情境的变化，这在很多时候会带来大麻烦。值得注意的是，习惯培养是一把双刃剑，有些习惯培养的结果可能会误导人坠入潜念的误区。

我们常说，好习惯让人终身受益，坏习惯让人麻烦终身。心中的疑问来了：好习惯真的让人终身受益吗？所谓习惯养成的秘诀就是持之以恒，而养成习惯后的行为就是稳定的、自动化的行为。可是，当人的行为真的自动化了，就一定是好事吗？

其实，在许多情况下，老师和父母也是受制于潜念约束的，或者是缺乏应变经验的。如此说来，在某些时候，忽视新情况和新变化，一味听话的习惯也可能伤害人。

实际上，在应试教育依然存在的时代，许多父母与教师以无奈之心强迫孩子死记硬背，很容易使孩子养成墨守成规的习惯，迷信书本教材，迷信标准答案，从而远离批判思维，缺乏创新精神。在我与迈阿密大学的黄全愈教授交流的过程中，他也认为要警惕习惯培养中的误区，要培养反思习惯的习惯，而创新就是要打破某些束缚人的旧观念和旧习惯。

我们怎样才能避免在习惯养成等儿童教育中出现潜念的错误呢？应该坚持把专念习惯当作特别重要的核心习惯来培养。

专念是兰格教授针对潜念所提出的相反的状态。她认为专念是一种积极的思维方式，是思维中的蓝海。专念具有如下特征：不断创造新类别、对新信息持开放态度、确信视角不止一个等特点。在我看来，潜念与专念是两种思维习惯，潜念的大致特点是循规蹈矩，想当然，而专念的大致特点是注意变化，随机应变。按照《现代汉语词典》的解释，随机应变即"跟着情况的变化，掌握时机，灵活应付"。显然，随机应变的含义与专念较为相似。

通过与兰格教授关于专念的对话，我发现专念与习惯培养具有密切而重要的关系：专念习惯是一种与时俱进、因地制宜的智慧性习惯，也是当代人特别需要养成的一种习惯。说得通俗一些，专念习惯应该具备以下四个特征：

（1）就像每天注意天气变化一样，随时随地注意事物与环境的新变化；

（2）积极关注新的知识、信息与视角；

（3）权衡利弊，协调关系，做出明智的选择；

（4）采取符合实际的行动。

为什么说专念习惯应该成为当代人特别重要的核心习惯呢？理由很简单，在一个瞬息万变的信息化时代，如果不注意适应变化，再好的习惯都可能带来不好的结果。只有具备专念习惯，其他习惯才可能安全有效"运行"，也才可能实现其真正的价值。

倡导把专念习惯作为核心习惯来培养，也是习惯培养的特点所决定的。

第一，习惯具有阶段性特点。比如越小的孩子想象力越丰富，思维越灵活，这种探索精神需要用心保护。如果在习惯培养之初，忽视了对孩子专念习惯的培养，孩子的想象力和创新力就容易被所谓的标准化和模式化所扼杀。例如，北京光明小学四年级语文课，老师教《麻雀》时提出一个问题，标准答案是"老麻雀保护小麻雀的行为表现了伟大的母爱"，而某男生质疑道："你们怎么知道保护小麻雀的老麻雀是母的呢？课文里面找不到任何根据啊！"显然，这个男生具有新视角，这就是专念习惯的体现。如果这种质疑习惯得不到鼓励和支持，创新精神的培养就可能难以持续发展。

第二，习惯具有整体性的特点。这是因为人的身心发展具有整体性。整体性应该呈现出丰富多彩而协调一致的特点。其中，如果没有专念习惯，没有灵活应变的能力，习惯培养就缺乏生机与活力，甚至可能出现误导。在应试教育倾向严重的学校和家庭，孩子的成长往往处于扭曲的状态，其习惯培养也同样可能扭曲，比如恶性竞争、死记硬背、经常熬夜、缺乏运动等不良习惯的存在，就是一个证明。

第三，习惯具有综合性的特点。人的行为表现往往是各种习惯综合作用的结果，不同的习惯组合在一起是一种多等级的状态。我们在做全国教育科学规划的习惯培养课题时，发现了习惯培养需要注意的三个侧重点，即在培养个人性习惯的同时侧重培养社会性习惯，在培养动作性习惯的同时注重培养智慧性习惯，在培养传统性习惯的同时侧重培养时代性习惯。显然，专念习惯就属于智慧性习惯，而这应该成为诸多习惯中较高等级的习惯，在习惯组合中起到主导作用，这样才能让人的行为更加睿智、理性、具有创造力。

专念习惯如此重要，甚至属于核心习惯，我们应该如何在实践中培养孩子养成专念习惯呢？我认为父母和老师需要注重以下方法：

一、鼓励孩子具有新视角和新方法

上海的李沐阳就是一个有独特视角的孩子。小学五年级时，妈妈告诉他，一家三口要去做家庭朗诵表演《三只小猪噼哩啪》，他拒绝参加，第一条理由就是："没有征求我的意见，擅自替我做主报名参加表演。"第二条理由是这个故事"太幼稚了，傻不拉叽的，没创意"。为了说服妈妈，他还写下长长的信，建议采用《最新科幻版三只小猪》：一是小猪来自银河系某星球；二是小猪起码要有点特别之处；三是大灰狼起码是来自另一个星球的；四是小猪和狼，它们之间的仇恨肯定是不共戴天的；五是起码有一只是机器猪或转基因猪；等等。①

为什么李沐阳想法大胆而奇特呢？首先是因为当代少年儿童生活在互联网时代，信息面广，知识丰富。其次是在他很小的时候，身为儿童文学作家的妈妈经常与他玩反对游戏，并且鼓励他修改妈妈的作品。游戏的规则就是，你可以反对某个词，也可以反对某句话，还可以全部反对，只要你的反对是有道理的，对方是可以接受的，反对就算成功了。②

兰格教授认为，很多教师在进行教学时，采用的一种无条件、无引导的知识灌输法，只让学生盲目顺从，按照惯性思维去学习和理解，学生自然处于被动状态，也难以对学习感兴趣。但如果有意识地加以引导，让学生有条件地接收知识或者创新地去思考，则孩子会更有兴趣，会有更多的

---

① 萧萍.沐阳上学记——男生女生那些事儿[M]，杭州：浙江文艺出版社，2016：154-161.

② 萧萍.沐阳上学记——我就是喜欢唱反调[M]，杭州：浙江文艺出版社，2016：154-155.

发现，学到更多有用的知识。这就是"条件性教学法"。

"条件性教学法"的第一步，就是在讲课时加上一个指导语，比如在解答数学题时可以告诉学生："这只是其中的一种方法，你可以试着寻找更多的方法。"或在做阅读理解时告诉学生："这只是其中一个观点，你可以从更多的角度来阐述你的观点。"

在家庭里指导孩子学习和生活的时候，同样可以鼓励孩子敢想敢做，敢于打破惯性思维，避免产生"理所当然"的盲从心态，激励孩子在灵活应变的状态下发展自己。

二、引导孩子从分心中发现真正的潜能优势

很多人都认为，孩子专心致志地学习就是尽力控制自己的思维，去专注于所要学习的知识。兰格教授却认为，在学习过程中保持新颖性的体验，才能做到真正的专注，分心可能意味着另一种专心。

这其实很好理解。我们可以回忆一下自己专注于研究某个问题时的状态，那时我们的思维绝对不是停滞或单一的，而是灵动地高速运转，所谓的"文思泉涌"就是许多想法在大脑里快速闪现，并不断把观察到的细微新变化纳入自己的思考中来。比如牛顿在苹果树下思考时，就是一种随机应变的专念状态，这样他在被树上的苹果砸中后，才会突然感悟，发现了万有引力，而不是熟视无睹地忽略它。

经常有父母向我咨询，说孩子不好好学习，突然迷上了写小说或者绘画，他们担心孩子分心甚至走火入魔，恨不得撕碎孩子的作品。其实，这些分心的孩子可能是忽然之间发现了自己的潜能，是灵光突现的激情燃烧，这种分心实际上是另一种专心致志。父母和教师都需要十分珍惜这个千载难逢的良机，及时给予孩子激励、支持和引导，使其天才的星星之火成为燎原之势。

作家莫言少年时代之所以迷上文学，一是在集市上听人说书，二是自己阅读文学作品。当他绘声绘色地模仿说书时，母亲曾经担忧一个耍嘴皮

子的孩子将来靠什么吃饭。但是，当母亲确定儿子酷爱读书、迷恋文学时，在家庭生活极为困难的情况下，仍为莫言买下他渴望的一套书。后来，莫言成为第一个获得诺贝尔文学奖的中国人时，他在致辞中最感谢的人就是母亲。

三、引导孩子享受学习和做事的过程及成功体验

习惯培养不仅仅是行为训练，更需要提高认知水平和建立积极的情感。内心满足与成功体验是养成良好习惯的强大动力。

心理学有一个著名的"延迟满足"实验，实验结果发现，懂得自制、学会等待的孩子有可能获得更大的收获，未来也可能取得更多的成就。

要教孩子学会享受学习和做事的过程，不要只追逐最后的结果。这种纯粹以结果为导向的教育和学习，往往会把中间的过程变得毫无乐趣，导致孩子最终丧失学习兴趣，变成机械式学习。

教会孩子享受学习和做事的过程，最好的途径就是让他找到适合自己的学习方式，增加过程中的快乐体验。

2014年1月3日，《钱江晚报》报道了杭州建兰中学初三学生徐风的学习"奇迹"。徐风以前的英语成绩不算太好，往往是刚过及格线。但慢慢地，同学们发现，徐风的英语成绩莫名其妙地好起来了，120分的试卷，往往能得110分以上。

徐风的英语是怎么变好的呢？原来他喜欢养小动物，特别是一些不太常见的爬行动物，但国内关于爬行动物的养育知识很少，徐风不得不去寻找专业的英文饲养书籍来学习，同时他还寻找机会，与国内外的"动物发烧友"在互联网上一起交流。在兴趣发展的过程中，徐风对英语由被动学习变成了主动学习，成绩也得到了快速提高。

有一次，耶鲁大学几名生物专业毕业的网友来杭州，徐风陪他们一起逛花鸟市场，给他们当翻译。那几个耶鲁的大学生很惊讶徐风懂得那么多两栖爬行动物的专业知识，并鼓励他将来考耶鲁大学，还表示愿意帮他写

推荐信。

徐风的例子说明，当孩子用自己喜欢的方式去学习或做事时，是充满快乐的，这种享受过程的学习方法，让孩子更有学习动力。

四、激励孩子学以致用，敢于创新

心理学家的研究发现，当人们能够把所学的知识与自己熟悉的事物结合，更有利于记忆。

兰格教授曾经做过一个实验，她把十年级的学生分为两组，去学习高中历史课本中的某一章。一组学生按照传统的学习方式去学，对于另一组，她要求学生不仅从自己的角度来阅读和记忆课本，还要把自己想象成为历史人物的孙子或孙女，去揣测这些人物的想法。

实验的结果证明，能把所学知识与自身信息结合起来的那组学生，无论是在记忆效果、创造性还是理解力方面的成绩，都比另外一组学生要好。

除了在学习过程中把知识与自身信息结合起来外，学习过程中的学以致用，更有利于孩子培养专念的学习习惯。

2016年5月26日《广州日报》报道，华师南海实验高中理科班的三名学生曾梓涛、陈柏翰、罗靖艺，在第31届广东省青少年科技创新大赛上赢得二等奖，并获得"天才教室创新英才奖"和"专利申请奖"。

这三个学生发明的是"防吃人"电梯装置。那两年，全国发生的电梯事故不下50起。这三名学生正是被电梯事故频发的现象所触动，从2015年8月开始进行研究。借助于老师的专业指导和自己平时所学习的知识，最终取得了成功。

扶手电梯安装了这个装置后，一旦人所站的电梯踏板塌陷了，电梯会立刻停止运营，同时报警装置也会立马响起。这三位中学生的发明受到中央电视台的关注和报道。

前面分析了随机应变的专念习惯的重要性以及培养方法，接下来要强调专念习惯培养的原则，即习惯的培养过程需要保持专念状态。

在一次教育会议上，山东一位小学校长讲到某家庭培养孩子养成节水好习惯的经验，即让孩子把水接到盆子里洗手，避免浪费水。这时，一位博士提出了质疑，因为世界卫生组织的研究发现，只有用流动的水洗手才能避免细菌滋生。因此，把水接到盆子里洗手，是个不卫生的习惯。

这位博士就是从新的角度，用批判的思维看到了事情的另一面。这一案例告诫我们，在培养孩子习惯的过程中，需要注意新的变化、新的知识、新的视角，避免单一的潜念思维，不要好心办坏事。

在习惯培养的过程中，如果缺乏专念思维，或者没有随机应变习惯的保障，即使方向是正确的，在方式方法上也可能存在误区。

某小学为了培养学生的环保习惯，倡导全校学生给市长写倡导环保的建议书。我对该校的做法表示了质疑，虽然该校的出发点是好的，但做法欠妥。既然是提倡环保，那就应本着节约能源、提高效率的原则，全校上千名学生每人写一份建议书，需要消耗多少纸张？同时又会让多少人员为之忙碌？这种做法实际上是与环保精神相悖的。

如果能够具有专念思维习惯，从多个角度考虑问题，开拓新思路，完全可以采用更新颖、更合适的方法，比如举办环保讨论会，筛选出最有价值的建议，利用电子邮件来向环保部门提出建议等等。

当今的时代是日新月异的时代，也是"万众创新"的时代。无论是时代的发展需要，还是一代人的成长需要，习惯的培养都需要与时俱进，需要我们注重变化，随机应变，把专念习惯当作核心习惯来培养，这是养成教育的新课题，也是重中之重的课题。

孙云晓 生活感悟

1. 学习下棋有助于培养孩子的全局观念和专注力，而这是相辅相成的两种能力，并且需要深思后行的好习惯来支撑。国际象棋冠军谢军建议，帮助孩子养成做事专注的习惯，首先要帮助他们建立时间观念。正式棋类比赛都是计时的，假如棋手不能在规定时间完成比赛即输。计时钟可以在生活中经常使用。

2. "松静匀乐"是教育家魏书生独创的一种注意力训练法：松就是放慢放松，静是心要静，匀是呼吸均匀，乐是情绪快乐。需要多少时间才能训练一遍？魏老师说，时间多可以长，时间少可以短。我想，"松静匀乐"既是注意力训练法，也是心理健康培养法，其较高的水平是养成习惯，成为从容的生活方式。

第四章

养成读书习惯等于在心里
装了一台成长的发动机

我用50多年的人生体验总结出一句话：养成读书习惯等于在心里装了一台成长的发动机，会影响孩子的一生。有读书习惯的人一辈子不会感到寂寞，没有读书习惯的人经常会不知所措。父母要成为孩子的榜样，将学习和读书视为一种享受和快乐。

有一个男孩，13岁的时候被迫停学，但他并没有因此就放弃读书，而是白天劳动，晚上自学。有时，白天干完了父亲规定的农活，他就在附近的古墓那里认真看书。长大后，即使身处闹市，他也要静下心来看书。这个男孩就是一代伟人毛泽东。

有一个波兰女孩，她从小就爱读书，即使她读书时波兰人成了亡国奴，她也用自己国家的语言偷偷地学习。不管形势怎么变化，不论周围有多吵闹，她都不会分心。这个女孩就是科学家居里夫人。

古今中外的许多成功人士都是热爱读书的。少儿时期是学会读书、养成读书习惯的关键时期，作为父母，让您的孩子爱书、读书吧，这是送给孩子的最好的礼物！

阅读对于儿童有重要意义，它可以满足儿童的五种需要：

1. 学习需要。在儿童的成长过程中，他们积累了许多问题，一方面他们能通过学习和询问大人来解决问题，另一方面也能通过阅读来获得相关的知识。调查表明，当他们"需要学习社会生活知识"时，"需要认识自己"和"需要了解怎样解决自己的问题"时，他们会选择阅读书籍。

2. 交往需要。当儿童在某种情境下发现没有可交往的对象时，有时会感到孤独。在这种情况下，他们可能会选择书籍作为交流的对象。儿童自述在他们"需要有伴"时或"需要摆脱孤独"时有读书的愿望。

3. 缓解焦虑需要。焦虑是儿童由于不能实现目标或不能克服障碍的威胁，致使自尊心与自信心受挫，或失败感和内疚感增加，形成一种紧张不安、带有恐惧的情绪状态。这时，"忘记烦恼"或"摆脱生活压力"就成为儿童阅读的目的。

4. 放松的需要。调查表明，现代儿童在需要放松、娱乐的时候，他们一般选择听音乐和看电视，但也有相当一部分儿童选择读书。

5. 消磨时间的需要。一般在假日和休息日，如果儿童没有发现合适的游戏伙伴，常常感到"没什么事可做"的时候，便依赖读书来度过这段时光。

第一节　养成爱读书的习惯终身受益

> 我赞成这样的说法，阅读不能改变人生的长度，但是它可以改变人生的宽度和厚度；阅读不能改变人生的物象，但是它可以改变人生的气象和品质。

谈到读书，我最强烈的反应就是感恩，因为读书把我从黑暗中拯救出来，读书使我抵御了魔鬼的诱惑，读书改变了我的人生轨迹。

我父母都是工人，近乎文盲。由于物质和精神都贫困，他们从来不给孩子买书订报，觉得孩子将来是靠出力气挣饭吃的。出乎意料的是，我借着哥哥带回来的一书包书，读了很多文学名著，爱上了读书，痴痴地做起文学梦，立志当一个作家。

虽然我也当过红小兵和红卫兵，但我从不打人，因为在那段不寻常的日子里，我到处寻找各种图书，读了鲁迅的书和《红楼梦》，还迷上了唐诗宋词。因为文学梦，我自15岁开始写日记，至今已50多年；因为文学梦，我选择了记者这一职业。如今，我已经出版40多部教育专著，还有多部文学作品。这一切都源于11岁养成的读书习惯，得益于强烈的文学梦和教育梦。

在我看来，成年人读书如同品茶，而童年时代的读书犹如吃奶一般重要，因为它会长成人的血肉和骨骼。从我们中国青少年研究中心和中国社科院新闻与传播研究所合作的课题研究中可以发现，少年儿童最适合阅读儿童文学和知识类图书；如果接触印刷媒介多于电子媒介，一般来说，智力发展和道德水平都会显著提高。我甚至认为，一个孩子如果养成读书习惯，等于在心里头装了一台成长的发动机。养成读书习惯的人，一辈子不会寂寞；养不成读书习惯的人，经常会不知所措。

我赞成这样的说法：阅读不能改变人生的长度，但是它可以改变人生的宽度和厚度；阅读不能改变人生的物象，但是它可以改变人生的气象和品质。

所以说在童年时代，特别需要多接触儿童文学，因为这些美好的故事、这种真挚的情感会影响孩子的一生，一本书对人的发展可能会起重大的作用。

有一次，我到广东佛山市南海区某镇的一所学校和小学生进行交流，58个孩子当小记者采访我，问我很多问题。我说："我也问你们几个问题吧，家里有5本书的，举手让我看一看。"结果大部分同学都举手了，还有大约10个孩子没举手。我又说："你认为爸爸有读书习惯的，举手给我看看。"结果58个孩子中只有18个孩子举手。我接着问："你认为妈妈有读书习惯的，举手给我看看。"一举手，还是18个。我想：这其中可能有一大半的家庭父母没有读书的习惯，这意味着什么呢？

我们曾经在全国做过调查，发现父母读书多，孩子读书也多，这似乎成为了一个规律。其实，这正是说明了儿童的成长是有规律和特点的。儿童是在模仿中长大的，儿童的学习是观察性学习。如果父母喜欢看书，孩子哪怕只有两三岁都会学着拿起书，不管书拿的方向是否颠倒。

我对女儿的影响就是这样。我很少对女儿说要好好读书、要看书这类话，但从女儿成长的过程看，她竟然十分喜欢读书，甚至可以说是读书狂。我记得女儿小的时候，大概两岁就拿着本画册在我们身边看，其实那个时候我们没教孩子看书。因为我是个作家，也是个教育研究者，我看书太多了，我家里的书也很多，慢慢地，女儿也养成了读书的习惯。每次外出，女儿都爱逛书店，女儿的书柜已经被书放满了。女儿现在也成了一个身边不能离开书的人，我想这可能就是潜移默化的结果。

女儿曾经写过一篇文章《老爸的那盏灯》：

在我记忆的长河中，家就好比一只小小的船在缓缓行驶，而这船上似乎总有一盏灯伴随着我。那微弱的、发着橘黄色柔和光芒的灯，那个总在灯下伏案工作的熟悉背影，陪着我走过了无忧无虑的童年和似懂非懂的少年，一直到今天。

当我已经长大，才猛然发现，这早已化为我生命的一部分，它是我启蒙的灯，也是引领我走向未来的灯。

大约是从记事的时候起，我几乎就没见过爸爸比我早睡。那时我还太小，什么都不懂，只觉得有一盏灯总在眼前，心里很踏实，也很安全。那柔和的灯光，是家的象征，也是父爱的象征。我习惯于在那灯光下听爸爸妈妈讲故事，不知不觉进入梦乡。那时家里的居住条件还很紧张，只有一居室，我与这盏灯的接触自然就多了。有时，午夜梦回，仍然能看见爸爸灯下的背影。久而久之，这盏灯似乎成了我的催眠曲，不需要妈妈哄我入睡，只要这盏灯亮起，我就能安然入睡。

就这样，一年一年过去了。真可谓，年年岁岁花相似，岁岁年年人不同。灯还是那盏灯，爸爸却不知从什么时候起，在灯下写出了一本又一本书，提出了一个又一个引人关注的观点，居然成了一个挺有名的作家和学者，这真是灯下奇迹！

渐渐地，我长大了。从小学、初中到高中，我与爸爸同样在灯下奋斗。虽然随着居住条件的改善，我已经有了自己的房间，有了自己的一盏灯，我不能抬眼就看到爸爸的灯了，但我感觉到父女俩的灯遥遥相映。每当我熄灯就寝时，爸爸的灯依然亮着，那温柔的光照着我的梦乡……兴许是这个缘故，我总觉得心情十分平静、坦然。

有一天晚上，我忙着写一篇作文，绞尽了脑汁也写不出来，心情烦躁不已，一会儿拉开冰箱门，一会儿走进卫生间。正欲放弃之时，我忽然看到了爸爸书房里柔和的灯光，它就像一服静心的良药，使我的心风清月明，思路也似乎清晰起来。我自信地坐下来，凝神思索片刻之后，飞笔疾书，势如破竹，终于写出了这篇作文。

随着我在学校年级的增高，我在灯下学习的时间也越来越长，爸爸书房的灯光一直陪着我。爸爸喜欢与我谈心，讲些人生哲理，但他更多的是用无言的行动感染我、激励我。许多事情，他可能什么也没说过，我却已经悟明了道理，并去做了，因为爸爸那盏灯会说话。

我真的很幸福，因为我有一个温暖的家，有一盏给人以启迪的灯。这是亲情的灯，是智慧的灯，是生命的灯！

我想，今后不论我去往何方，爸爸的那盏灯将永远在我身边亮着，因为它早已成为了我心中的明灯！

中国自古有读书的传统，那么父母如何让孩子从小热爱读书呢？我的建议是：

1. 让家成为书香之家。所谓书香之家，就是家里不仅有很多书，并且父母具有读书习惯。想把孩子教育好，家里自然而然要有一种读书的氛围，以谈论书的内容为乐，这样的家庭是非常有利于孩子的发展的。我们在做全国教育科学十五规划课题"少年儿童行为习惯与人格的关系"研究中，云南师范大学附属小学的课题就叫"培养现代书香之家"，非常受欢迎。要求家庭要有藏书，父母和孩子要通过读书交流，这样的家庭形成了浓厚的读书气氛。在我们的研究中发现确实是这样，父母读书多，孩子读书也多；父母不读书，孩子也少读书。人是环境的产物，孩子经常看到父母在读书，就会很自然地模仿。因而，如果家庭里有一种书香之气，则是为孩子提供了一种读书的良好氛围。

2. 让孩子随时能看到书。我建议父母在家里摆放书的时候，最好在孩子的床头、书桌、沙发上都放上一些书、一些画册，甚至厕所里也可以放几本小册子，让孩子随手就可以拿到书看。因为孩子看书不像上课那样有计划，他往往是在偶然的状态下拿起书看，突然就有了兴趣。李希贵校长甚至建议，带孩子出门的时候，也要带上一个小书包，里面装上孩子最近最喜欢的书，以方便孩子随时阅读。这就是设计策略，给孩子一个脚手架，让他能比较容易地攀登到良好习惯的台阶上。

3. 经常带孩子逛书店。让孩子置身于书的海洋当中，这是对他是一种强烈的熏染。看到这么好的书、这么多的书，孩子忍不住就要去摸一摸、看一看，可能兴趣就来了。孩子还能在书店里看书，当他看了一些书之后，知道什么书是自己最需要的，买一本自己最需要的书，这是一种很明智的方法。如果说家庭困难，买不起书，可以让孩子攒钱，攒了一段时间再买书。其实越买不起的时候，越会珍惜书。有一位作家说得好，穷的时候买的书读得最认真；富了以后，再买的书读得不认真了。这就是读书的规律。所以说，带孩子多去书店是非常好的方法。

孙云晓 生活感悟

1. 孩子是否能够终身学习，取决于童年的阅读习惯如何。阅读习惯的培养特别需要从儿童期开始，因为儿童阅读需要大脑左右两个区域合作，而成人阅读往往只有一个区域在工作。这是美国著名生理学家玛莉安·伍尔夫的观点。朱永新教授提出阅读的关键期在14岁之前，这是可信的判断。

2. 许多人在世界读书日里谈读书，阅读自然是重要的，更重要的是养成好习惯。根据我几十年的实际体验，好的阅读习惯至少包括以下四个：一是身边总有书相伴，坚持经常性阅读；二是注意研究作者，选择有价值的书；三是不动笔墨不读书，阅读必定记下心得；四是读书心得用于实践，以理性的智慧提升生活的质量。

3. 女儿坚持六年的愿景心理学培训班，终于在2022年10月学成结业。女儿是复旦大学社会学专业的毕业生，几年前曾经问我，值不值得学心理学，因为又费时间又费钱，而且不是学历教育。我坚定支持她，因为我认为这会让她收获终身受益的成长心态。女儿报名了，没想到，这六年极不容易，一是工作繁忙，二是遭遇疫情，三是怀孕生子，等等。然而，女儿一直在坚持学习，不仅经常耽误吃饭，甚至为听课改航班。由此可见，当一个人的求知需要被唤醒，可以激发出惊人的学习动力。结业仪式上，美国老师在线上祝贺她，家人更是为之欢庆，连她23个月的儿子也欢喜雀跃。现代家庭应当是终身学习的家庭，而现代人最需要具有渴求新知的习惯。

第二节　读万卷书，行万里路

把读有字的书和读无字的书结合起来，让孩子真切地感受到文学艺术就在我们身边，感受中华民族灿烂的历史。我想，这才是读书的真正奥妙所在。

许多父母问我，如何教孩子读书呢？

大学问家朱熹曾经提到读书有六法，其中第四法是要切己体察，身体力行。这其实是在告诫我们，不能死读书，读死书，要把读书学习与实践应用起来。我的理解是：这其中就包括要读万卷书，行万里路。

虽然我没有刻意指导女儿读书，但我经常带着女儿旅行，一边旅行一边读书，和女儿一起走天涯，可以说是我非常快乐的一种教育方法。

在女儿18岁之前，我和妻子带她走过13个省份，这也是女儿十分骄傲的经历。那是一些快乐的日子，是一些豪迈的日子，也是我们一家人格外亲密的日子。

女儿喜欢读书，我们带她到全国各地去旅行，把她读过的书变活，让她在大自然中发现历史的痕迹。我印象比较深的是带女儿去三峡，我们从武汉出发，经过了荆州，到宜昌，然后再到重庆。女儿很喜欢三国故事，对诸葛亮、关羽尤为欣赏。还记得女儿崇拜诸葛亮始于小学时代，当时，她看了电视剧《三国演义》，激动不已，说要嫁给诸葛亮。我乐了，说："好啊，有诸葛亮这般大智大勇的女婿，老爸心满意足。"有这样一个"三国迷"女儿，在荆州的时候，她自然不断央求我讲关羽"大意失荆州"的故事：

关羽当时远征樊城，荆州空虚。曹操采纳司马懿之计，一面调五万精兵去救援樊城，一面联结东吴，叫孙权暗袭荆州。那时，东吴守将是大将吕蒙,很厉害。关羽为防吕蒙,留下重兵防范,吕蒙难攻。这时,陆逊献计说:"关羽自恃英勇无敌,所怕的就是你。如果将军称病,关羽一定中计。"吕蒙依计而行,关羽果然中计,便把荆州重兵调来攻打樊城。结果,吕蒙率吴军攻破荆州。关羽被迫走麦城,被吴军设计俘虏并杀害。后来张飞为了给关羽报仇,匆忙上阵,对部下过于苛刻,大醉之后被部下所杀。刘备也被打得是一蹶不振。在白帝城,刘备把他的孩子阿斗托付给诸葛亮,这就是著名的"白帝托孤"……

女儿还要问,我说:"别急,这一路上有无数三国故事,到宜昌再说吧。"我想,经过了荆州之行,女儿会牢牢记住"大意失荆州"的历史教训。

我们在船上游三峡,女儿不由感慨万千,第一次感觉到自己和历史这么近,和那些她崇拜的伟人走在同一条路上,实在令她难以忘怀。

我也难忘游三峡的那天晚上,我们仰望星空,在甲板聊天的惬意。我们谈论着从三峡走过的历史名人,如李白、杜甫、白居易、陆游、苏东坡等文豪,诸葛亮、关羽、张飞、吕蒙等文武战将,兴致盎然。

女儿朗诵起李白的诗:

朝辞白帝彩云间,
千里江陵一日还。
两岸猿声啼不住,
轻舟已过万重山。

妻回味着这首古诗,说:"我记得,1958年春天,毛泽东游长江三峡,遥望白帝城时,也曾兴致勃勃地吟诵过这首诗。"我感慨地说:"长江是中国文化之江,也是中国文化人之路。走在三峡中,就是走在历史中。人人在这里净化和升华。"女儿激动地叫起来:"长江三峡,我们来了!我们来了！"船至奉节，女儿说："江姐的丈夫彭咏梧就牺牲在这里。"《红岩》是我们推荐女儿看的书，也是震撼我们自己的书。我说："彭咏梧烈士的墓就在这里。到重庆之后，咱们可以去渣滓洞和白公馆看看。"

"一定要去！"女儿恳切地说。早在北京计划行程时，她就要求过了。在重庆只有一天的时间，我们去了红岩村，又去了渣滓洞和白公馆。女儿瞪大了眼睛，仔细地观察狱中的一切。到了江姐被关押的牢房，她的步子放慢了，一会儿干脆停在那里，逐字逐句地读说明文字。

女儿低声问："江姐她们为什么不怕折磨？怎么连死都不怕呢？"

"这就是信念的力量、人格的力量。"我轻轻答道。

"今天的人能做到吗？"

"能，但要修炼很久才能。"

女儿沉默了一会儿，说："回家后，我要再看一遍《红岩》。"

游览峨眉山之后，我们去了眉山县，寻访了三苏祠。

说心里话，在所有去过的地方当中，我最希望女儿来一趟三苏祠，因为苏东坡是我最欣赏的诗人，并且视他为人生楷模。

女儿读苏东坡的作品不算太多，不明白我为何如此推崇这位一千多年前的文豪。我告诉她："著名作家林语堂曾用英文写了一部《苏东坡传》，对这位北宋诗人的旷达人生给予极高评价。林语堂说他历经坎坷，却总是热爱生活，富于创造，'他的一生是载歌载舞，深得其乐；忧患来临，一笑置之。'"

听我这样说，女儿对苏东坡的兴趣也浓厚起来，默诵苏东坡的名句："明月几时有，把酒问青天……""十年生死两茫茫。不思量，自难忘。千里孤坟，无处话凄凉……"

我想这些经历对于女儿来说，是一本无字的书。把读有字的书和读无字的书结合起来，让孩子真切地感受到文学艺术就在我们身边，感受到中华民族灿烂的历史。我想这才是读书的真正奥妙所在。

真正让孩子读"活书"，多带孩子出外体验书中的世界，我的建议是：

1. 有计划安排外出旅行。父母应该充分利用节假日，有计划地安排外出旅行，重要的是要结合孩子最近看的书，带孩子到实际生活中体验、参观，避免书呆子气。当然要考虑孩子的意愿，尊重孩子的意见。

2. 鼓励孩子利用读物。许多介绍社会知识和科普知识的书籍有使用的价值，父母要鼓励孩子在生活中利用这些知识。孩子读了地理读物后，在旅行时可以让孩子来规划旅行路线等。

3. 给孩子讲解与旅游景点有关的知识。带孩子出去旅行时，最好要给孩子讲解一些相关的知识，让孩子在旅行的过程中也如同在读书一样，从中受益。父母如果不了解当地景点的知识，可以及时查找，上网搜索，做好知识储备，以便能给孩子讲解他所需要的知识，让旅途充满新奇与快乐。

孙云晓 生活感悟

1. 围绕如何养成阅读习惯，2019年8月的一天，我在苏州开会，同时分享父母教材《这样爱你刚刚好》的使用情况，为进一步修订做准备。在我看来，人之为人是因为有精神生命，而阅读是精神之源泉。检验家庭教育成败得失的一个重要指标，就是看是否能够引导孩子养成阅读习惯。毫无疑问，父母为孩子做阅读的榜样，是成功的关键因素之一。

2. 写作习惯的养成对于人的发展具有特别的意义，因为写作是高质量和高效率的学习。如何帮助孩子克服害怕写作的困难？蒋丽萍妈妈有个好方法，即从小引导孩子养成把新鲜见闻写下来的习惯，并且学会在一段时间内"做完整的大项目"。在多次出国旅行之后，她的女儿写下100多篇生动而丰富的文章。

第三节　不同年龄的孩子读不同的书

> 朱永新老师曾经说过，读什么书比读书本身更重要。很多父母会说，自家孩子不喜欢读书。那您是否思考过，您提供的书是否适合您的孩子读呢？

不难发现，在商业利益驱动下，社会上产生了一批不良读物，渐渐腐蚀着儿童和青少年的心灵，是一种文化误导。

在批评社会文化对儿童的消极影响时，我们已注意到优秀儿童文化作品的匮乏。我曾问过一些孩子："你们对现在的读物满意吗？"孩子们拖长声回答："不——满——意。"的确，现在某些出版机构由于商业利益的驱使，为孩子们提供的并不是他们真正需要的书籍，甚至是不利于他们成长的读物。父母希望为孩子选择合适的读物，但是现在的图书浩如烟海，父母的鉴别力极为重要，要学会鉴赏的确不容易，父母们为此十分苦恼。

广州穗港澳青少年研究所的一项调查显示，在对课外书的选择上，少年儿童喜欢看的，往往是父母禁止的。具体表现在：在对课外书类型的选择上，少年儿童常常看的是"童话、寓言、神话""成语故事、历史故事""科幻、惊险离奇故事""笑话、谜语智力测验""传记、民间故事"等，但父母希望孩子多看"科学、自然、天文、地理常识""学业指导书籍""散文""时事或新闻周刊"等。在课外阅读的内容上，少年儿童更喜欢趣味性、知识性、刺激性较强的课外读物。阅读中，他们比较喜欢重感官享乐的"快乐阅读"，而父母则更愿意让孩子阅读一些知识性较强的、与他们的学业有关的书籍。从这项调查中可以看出，父母的兴趣与孩子有较大差异。

由于望子成龙心切和不了解儿童特点，许多父母会急于让孩子读文学名著，读一些厚重的书。其实，如果父母能更多地尊重孩子的选择，则更有利于培养孩子的阅读习惯，我的建议是：

1. 为不同年龄的孩子选择不同的书。中国社科院新闻传播研究所的研究员卜卫在研究儿童与媒介的关系时，有很多重要的发现，我很赞成她的一些观点。不同年龄的孩子有不同的心理特点，认知水平是不一样的，所以卜卫认为，小学一二年级，学生读的书可以以图为主，标有拼音，这样的书情节简单，还有幽默、童话、生活故事、卡通类图书等，比较适合一二年级学生。小学三四年级，可以读一些深刻的童话、有情趣的诗、科学童话与故事、伟人故事与历史故事，还有儿童报刊。小学五六年级，可以读一些漫画、寓言、儿童小说、儿童诗歌、儿童报告文学、科幻小说、探险故事、少儿的百科全书等等。初中学生可以读少年小说、少年诗歌、中外名著、科普类以及青春期教育类的书籍等等。父母要注意，不同年龄要读不同的书，这才会让孩子循序渐进，打牢阅读的基础，让他终身受益。

2. 鼓励孩子自己选择读物。父母要经常和孩子讨论哪些是适合他看的书，哪些是他自己特别感兴趣的读物，并以此为标准加以选择。尊重孩子的选择权利。

3. 如果孩子在阅读中提出问题，尽量回答孩子的问题。在家里，父母最好常备一些少年儿童百科全书类的书籍，当儿童提出问题时，引导孩子从中寻找答案。

4. 与年龄较小的孩子一起阅读和表演，与年龄较大的孩子一起讨论和交流。孩子越小，父母参与阅读越重要，要和孩子一起读，甚至一起表演书中的故事。至于年龄较大的儿童，父母最好和他们一起平等地讨论作品，尤其是父母认为比较重要的作品。父母要认真倾听孩子的看法，并如实说出自己的看法。如果有不同看法，要给孩子表达自己见解的机会，绝不能将自己的看法强加给孩子，否则以后就别想再和孩子讨论作品了。

5. 让孩子拥有一份自己喜欢的刊物。如果发现孩子喜欢读《儿童文学》《少年文艺》或者《儿童时代》，或者一些其他的学习类的、童话类的书籍，这都是很好的。父母应该支持孩子拥有一份自己喜欢的刊物，因为连续性的阅读最有助于形成良好的阅读习惯。

孙云晓 生活感悟

1. 培养孩子养成读书习惯绝对会让孩子终身受益，最有效的方法有五个：一是父母带头读书，给孩子做表率；二是经常带孩子逛书店或去图书馆；三是坚持睡觉前为孩子读故事，尤其是在孩子10岁前；四是每天让孩子在家里坚持读书半小时以上，此期间全家人切勿打扰；五是充分利用零碎时间，听故事广播。

2. 仅仅爱读书是不够的，还需要读好书，即学会选择真正有益于自己发展的好书。如国家督学成尚荣所说，要有核心阅读的概念，阅读是第一课程，阅读的第一动机是为了儿童的成长，核心阅读要指向儿童发展的核心素养，例如阅读能力、文字能力等等。父母和教师既然是孩子的榜样，就要带头选好书，读经典，并且学会思考和实践。我建议将观看经典作品改编的影视剧作为经典阅读的入门环节，可能会有较好的效果。

第四节　让孩子在读书中感受成功

> 如何才能让孩子爱上读书，首先要从激发孩子的兴趣开始。当孩子尝试着自己看书，以自己的理解读懂故事时，内心是一种无比的喜悦，因为这是孩子自己努力的成果。

我在全国各地讲课，很多的父母都问我："我的孩子不爱读书，怎么让他们喜欢上读书呢？我们煞费苦心也不奏效，该怎么办呢？"

一位二年级小学生的母亲发现，要提高孩子的阅读兴趣，给孩子读半本书的办法特别有效。她选好一本生动有趣、图文并茂的故事书，先给孩子朗读，读到精彩处，等孩子的注意力全部被吸引过来时，她便借故离开，不但不理睬孩子眨巴着眼睛的哀求，还故意吊孩子的胃口。孩子没办法，只好自己指着书一个字一个字地读，到后来，孩子不再等母亲讲前半段，而是完全自己看了。

这位母亲的做法使我深受启发。我认为，我们可以向这位母亲学习，当孩子有一定阅读能力的时候，就给孩子讲半个故事——家长给孩子讲故事，讲了一半的时候，就找个理由不给他讲了。

"讲啊！讲啊！妈妈讲啊！"别管孩子一个劲地要求，你告诉孩子："后面的故事你可以自己看，你看了之后，再来告诉我后面是个什么结果。"你找的理由，可以是没有时间了，现在只能讲半个故事。当孩子的心思完全被故事吸引的时候，他就会自己去把故事看完。可能有的父母会担心孩子看不懂，其实孩子看故事有个特点，只要有图，他就能从图画中看懂故事，完全不用担心他认的字不够多。

我曾经有一个邻居朋友，她经常给儿子讲故事，儿子很快就迷上了故事，每天都要妈妈讲故事。后来这位妈妈就让孩子自己读后面的故事，渐渐地，孩子就养成了阅读的习惯，还开始给妈妈讲后边的故事。这位妈妈很有教育孩子的办法，再后来，她在孩子讲了后半个故事之后，又引导孩子思考：故事还会有什么别的结尾吗？能不能续写呢？久而久之，孩子也喜欢上续写故事了。这个小男孩写了很多童话，成为了一个小作家，这是父母完全没有想到的。

故事是孩子童年最好的伙伴，因为孩子的世界就是充满了好奇。你给他讲个头，他就要知道尾；他今天听了一个故事，他明天就要再听两个故事。给孩子讲半个故事，让孩子自己看后半个故事，其实这样的做法激发了孩子的想象力和创造力，能让孩子走上一条成功的道路。当孩子尝试着自己看书，以自己的理解读懂故事时，内心是一种无比的喜悦，因为这是孩子自己努力的成果。这位母亲的明智之处就在于让孩子体会到了读书的成功，成功的感受能激发孩子读更多书、看更多故事的愿望，这不正是养成孩子阅读习惯的最重要的因素吗？

2022年8月，我荣获第二届"安徒生教师奖"。这是丹麦的安徒生国际幼儿师范学院设立的奖项，自然与安徒生密切相关。在获奖座谈会上，我谈起安徒生父母生活艰难却从小培养孩子热爱文学艺术的特殊贡献。主办方希望追授安徒生父母一个特别荣誉奖，并邀请我写推荐语。于是，我写道：

> 树有根，水有源。当全世界的儿童都从安徒生童话里汲取智慧与快乐的时候，我们怎能不思索一个神奇的问题：安徒生那大海一样浩瀚瑰丽的智慧来自何方？毫无疑问，人生始于童年，童年的美好情感是一生幸福快乐的源头，童年的生活体验是一生追求梦想的基础。于是，我们循着安徒生成长的轨迹，追寻到了丹麦的一个鞋匠和洗衣工的家庭。按照世俗的眼光，在这样一个生活拮据的家庭，能够让孩子吃饱饭、有衣穿已经不容易了，怎么会顾及孩子的审美与创造？然而，鞋匠父亲汉斯与洗衣工母亲安娜不仅爱心满满，更是独具慧眼，

他们在艰辛的劳作中陪伴儿子，以积极乐观的精神影响儿子，坚持为他讲民间故事，做各种各样的游戏，激发其非凡的想象力与博爱的情感。精诚之至，金石为开，奇迹终于出现了！文学艺术的丰富营养让小小的安徒生懂得了爱，心中激荡着五彩的梦幻，而这样美丽的童年决定了他的人生航向，决定了他将为天下儿童创造一个迷人的童话王国！尽管岁月过去了二百余载，我们对安徒生父母的深切怀念与日俱增，如果没有他们的精心培育，怎么会有安徒生的辉煌创造？他们是全世界父母与教师的伟大榜样！基于上述理由，我愿意推荐好父亲汉斯和好母亲安娜，追授他们"安徒生教师奖"的特别纪念奖！

安徒生的非凡经历足以证明文学艺术熏陶对于童年的巨大意义。让孩子在阅读中感受到其善美，激发孩子读书的兴趣，我的建议是：

1. 给小孩子买"薄"书。父母给小孩子买的书不宜太厚，这样能让孩子很快读完后，会有说不出的成就感，因此也就有动力继续看书，继续接受下一本书的挑战。

2. 准备一张"完成表"。当孩子每读完一本书，就在"完成表"上写上书名，做些记录，当孩子看到这张表，就看见了自己努力读书的成果，这样的感受也能激发他读更多书的愿望。"完成表"可以让孩子自己设计，能让孩子获得更多体验。

3. 让孩子参与表演。当孩子在课堂上学了很多课文，有了一些他很喜欢的人物、很喜欢的故事，通过课本剧的方式可以使他体验剧中的人物，会帮助他对作品产生更深的理解。表演符合孩子的年龄特点和身心需要，是引导孩子读书的一个好方法。读中学的时候，我女儿有一次回到家里，就在家里一遍一遍地练习。原来学校里搞艺术节，她要表演《美女与野兽》中的美女角色。她非常认真，一遍一遍地在屋里表演让我们看。我很惊讶，因为女儿有点内向、偏于文静，一直以来很少参加文艺表演活动。我是万万没想到她能够在全校师生前演出的。我想，女儿当时演出所受到的感染和启迪，就是一种成功的体验。后来，女儿在复旦大学读书的时候，也积极参加了话剧的演出。

  4. 引导孩子多读一些人物传记。人们大都有崇拜杰出人物的心理，对于孩子而言，在爱梦想的年龄会有一个追星的时期，这是正常的。父母可以引导孩子多读一些人物传记。从小学高年级开始就可以引导他们看一些伟人的故事，如爱因斯坦、牛顿、爱迪生、巴尔扎克、托尔斯泰、居里夫人、毛泽东、周恩来、鲁迅、巴金等人物的传记。一般来说，喜欢读人物传记的孩子，表现得更有理想，更有奋斗精神和前进的动力。据我们的调查，一般孩子喜欢传记的大概占56%，全国的十佳少先队员达到95%。所以，父母不要让我们的孩子心里空空荡荡的，应该让每个孩子心中至少装下10个杰出人物，这10个人将伴随他成长，成为他前进的动力。我推荐如下的经典书目：《贝多芬传》，贝多芬在母亲去世以后，他常常感到痛苦，再加上比病魔还要残酷的忧郁，但失聪后的他仍以坚强的意志、无畏的精神，坚持不懈地努力扼住了命运的咽喉，他的《英雄》《命运》交响曲，就是在这样的条件下诞生的，无数人都认为这是奇迹。钱学森、袁隆平、屠呦呦等中国杰出人物的传记图书也非常值得阅读，激励作用极大。

  5. 引导孩子背诵名句。背诵名句是一个读书的好方法，名句本身就包含人生的哲理，能给我们人生的启示。我喜欢读老子的《道德经》，"天下难事必作于易，天下大事必作于细""天下之至柔，驰骋天下之至坚"不少句子让我受益颇多。我建议父母和老师应该引导孩子在他记忆力极佳的时候记下一些名言，不仅可以锻炼他的记忆力，也有利于他的学习。另外，当孩子背诵了名句，如一些著名的诗词，能在学校里表演或朗诵给同学听，能极大地增强孩子的自信心，对于孩子的健康成长十分有益。当然，背诵的名句要少而精，坚持每天背一点，不要让背诵加重孩子的学习负担。

  6. 引导孩子交读书之友。养成读书的习惯并不是一件容易的事情，但是孩子都是喜欢交朋友的，孩子非常容易受到同伴的影响。广西南宁市一位教育局局长跟我说过他的经历，在他下乡时去借书，但由于没有证件，人家不借。他就诚恳请求，以劳动作为交换，后来他终于借到了书。他发现周围的人都是非常爱读书的，其中有一个人读书特别有水平，他就专门接近那个人，和他交朋友，那个人不断给他推荐好书，他由此看了许多书，后来读了大学，当了老师，做了教育局的局长。父母要引导孩子交爱读书的朋友，发挥同伴的影响作用，以促进孩子养成良好的读书习惯。

> **孙云晓**
> **生活感悟**
>
> 1. 坚持每天为孩子读书，有可能是父母给孩子最简单也最有价值的礼物。著名儿童文学理论家方卫平教授认为，对于出生在一个钟表匠家庭的法国学者卢梭来说，正是童年时代与父亲一起度过的那些晚餐之后"没完没了"的经典阅读时光，使他在未来的艰难岁月中不曾沉沦，最终走入了启蒙运动伟大思想者的行列。
>
> 2. 最重要的是让孩子养成爱学习、爱读书、爱思考、爱质疑的习惯。养成读书的习惯，等于在心里装了一台成长的发动机，会影响孩子的一生。有读书习惯的人一辈子不会感到寂寞，没有读书习惯的人会经常感到不知所措。父母要成为孩子的榜样，将学习和读书视为一种享受和快乐。

第五节　培养孩子良好的读书习惯

培养孩子养成读书习惯绝对终身受益。人们已经意识到阅读的重要性，如何培养孩子养成读书的习惯，方法很重要，比如父母可以带头读书，给孩子做表率；经常带孩子逛书店或去图书馆；坚持睡觉前为孩子读故事，尤其是孩子10岁前；充分利用零碎时间听故事广播；等等。

《参考消息》2009年2月1日刊登了一位美国华裔少女的故事。

这位少女名叫邹奇奇，1997年出生，她在8岁时就出版了12万字的《飞扬的手指》故事集，一举成名，被美国媒体推上"奥普拉脱口秀"，上了美国广播公司的"早安美国"，被主持人称为"美国文坛小巨人"。

奇奇所撰写的300多篇故事中，多以中世纪为背景。从古埃及写到文艺复兴，文中处处可见她对政治、宗教、教育的独特见解，文思严谨，令人难以相信是由8岁的孩子一手撰写。

问到女儿成功的原因是什么，邹奇奇的母亲说，和邹奇奇住在一起，就像生活在大学里，因为她每时每刻都在教别人"新"的知识。她妈妈"经常给予女儿赞许与鼓励"。家里的哲学就是："学习与吃饭喝水一样自然，永远不要放弃学习。"对于自己成功的原因，奇奇认为是自己涉猎书目广泛。她说她的藏书包括天文、地理、文学、历史，而她最爱的莫过于历史和虚幻小说。奇奇读书的速度也令人惊叹，一本700多页的"哈利·波特"小说，她一天花8个小时就能读完。

邹奇奇的生活是充实的，她要创作散文、小说、诗歌及撰写博客，她要应邀到学校、企业、国际研讨会上发表有关写作和社会研究的演讲。她后来就读于美国加州伯克利大学，在美国多地开办写作工作坊，传播教育改革等理念。

奇奇的成功离不开她从小养成的良好的读书习惯，"学习与吃饭喝水一样自然"，这不正是我们每个父母从小就应该给予孩子最好的"礼物"吗？

有的父母说："现在的孩子学业任务越来越重，我们也知道如果为了学习减少课外阅读的时间是不利于孩子全面发展的，有没有一些方法可以让孩子提高阅读速度，既能感受到阅读乐趣，又扩大知识面，一举多得？"

我认为，当孩子小的时候，读书大多是随意的行为，随着年龄增大，的确需要父母给孩子提供一些指导，教孩子一些技巧，重要的是培养孩子良好的读书习惯。

首先父母要学会让孩子改变一些观念，如：现在你的阅读速度实在是太慢了，要改变并不难；如果你渴望读快一点，你真的就能够读快；阅读速度可以成倍、成十倍提高，一目数行并不是专属于天才的；阅读速度的提高与理解文章内容没有根本上的矛盾。

另外，及时纠正孩子的一些不良阅读习惯是十分重要的。如眼睛距离书本很近；默读的时候总是轻声地读出声来，或者虽然没有声音，但是感觉到喉结在动；歪着脑袋，躺着或是伏在桌子上阅读；喜欢一口气读几个小时等。这些习惯都不利于孩子的身心健康。

眼睛距离书本很近，一是损害视力，二是使读书速度变慢。眼睛应该距离书本远一些，一尺左右为宜。因为眼睛离页面远，眼睛看到的视野就越宽阔，视网膜成像的文字就越多。这样一来，一次"摄入"的文字不再是一个字、一个词语或几个词组，而是一大块、整段甚至几段。只要养成习惯，一目几行是非常容易的事情。

朗读出声音是阅读速度慢的另外一个原因。我们比较看电视和看报纸就知道，听电视一分钟播报的新闻大大少于我们一分钟阅读报纸的文字量。如果在阅读的时候出声(喉结在动,表明也是在发声),理解速度就大打折扣。因为大脑接受信息通过了声音这一个不必要的环节："文字→声音→大脑"，如果不发声，就是"文字→大脑"，少了一个发声环节。当然，读出声对记忆是有好处的，因为这是一种多重刺激。但是记忆和理解是有区别的，少了一种记忆手段并不意味着理解能力会下降。

培养孩子良好的阅读习惯，需要注意很多方面，我的建议是：

1. 全家有个固定的读书时间。合理安排一个时间，父母每周应该安排一次或数次专门用于阅读的时间，全家人都聚在一起，可以共同读一本书，也可以各自读自己喜欢看的书，读书时大家要尽量保持安静。

2. 注意孩子的读书姿势。父母一定要意识到正确的阅读姿势对孩子成长的重要性。要经常观察、提醒孩子，帮助孩子正确阅读。理想的阅读姿势是双腿与地面保持平行，背部直立。椅子不能太硬也不能太软，应该有一个直的而不是斜的靠背，椅子的高度应该足以让大腿与地板平行或稍高一点。

3. 定期借书。教孩子如何利用图书馆，如图书馆是怎么对图书进行分类的，怎么找到他最想看的书等。最好让孩子申请借书证，帮助孩子有效利用图书馆。

4. 爱护图书。大作家钱锺书先生很爱惜书，和他交往的记者发现，他买的一些书都包上了书皮，这个习惯直到他年纪大也没有改变，每次他买了书都要亲手包上书皮。要教孩子爱惜图书，要告诉孩子，手很脏时不能看书，一定要先把手洗干净；手上有汗，一定要擦干净；书不能折页，要学会使用书签；刚买的书可以包上书皮，把它放在一个干净、好保存的位置；保持图书整洁，给书加注时要工整、清晰，字要写工整，画一些重点的标记，用波浪的符号或者横线，一定要画得很规范；鼓励孩子保存看过的图书，等等。父母要从点点滴滴做起，才能培养出一个孩子爱读书、会读书的良好习惯，并且可能会让他受益终身。

5. 引导孩子做读书笔记。对于孩子来说，看书尤其要做一点笔记。因为孩子看书有个特点，喜欢看热闹，很快地翻，哪热闹我看看，没热闹就翻过去。这样他对书的理解是不够的。毛泽东的老师徐特立先生就总结了一个读书的经验:"不动笔墨不读书。"毛泽东读过的一些书,有很多加了眉批和旁批,就是在书的边上加批注。我们可以要求孩子读书时顺手记点什么,慢慢地,孩子就会形成记读书笔记的习惯。

一般说来,读书要记住作者和年代、弄清背景、读出它的精华奥妙所在。在动笔记录的过程中,也会逐渐养成动脑筋的习惯,如:作者生活在什么样的时代?他为什么会写这本书呢?作者主要表达了一个什么主题呢?孩子会一边记一边思考。我建议让孩子准备一本读书笔记,也不要求快,也不要贪多,当然首先他要选择适合他的、有价值的书读。我自己读书的时候也是这样的,因为我每天写日记,我读过的书,我都会记下作者、书名,主要写了一个什么样的内容,我的感悟是什么。在读书过程中,若发现有些字很生僻,也可以记下来,有助于你积累,否则有些字你老是感到很陌生。

让孩子养成这样一些习惯,我想他一定是一个会读书的人、爱读书的人,一定是一个热爱学习的人,是个热爱生活的人。

孙云晓
生活感悟

1. 如何培养孩子养成阅读等良好习惯?《家庭教育促进法》要求父母们"加强亲子陪伴","潜移默化,言传与身教结合",就是很有效的方法。如果父母带头阅读,如果家里有许多图书,如果坚持给孩子讲睡前故事,绝大多数孩子都会喜欢读书,甚至可能养成阅读习惯。实际上,就像人需要牛奶和鸡蛋等食物一样,孩子的成长是最需要阅读的,关键在于激发孩子的兴趣,而父母的榜样作用是最为重要的。

2. 在学业负担较重的情况下，如何培养孩子的阅读习惯呢？原国家总督学柳斌先生有一个好建议，即每天课外读一篇千字文，如果坚持下去，一年可达到约36万字，12年可以阅读430多万字。我想，每天一篇千字文的阅读，有利于养成阅读习惯，因为负担轻，变化多，孩子会有兴趣，也会有信心。

第五章 重视生活教育,养成良好习惯

北京师范大学2018年曾发布一个全国家庭教育调查报告，其中在回答"你最需要的是什么"时，18万中小学生的回答中，排第一位的是"有温暖的家"。这就表明了家庭关系、家庭生活对孩子成长的重要性。其实，手机管理、阅读管理、健康管理……都和生活状态密切相关。

第一节　有温暖的家就是良好的家庭教育

孩子们最需要温暖的家。中国青少年研究中心对全国中小学生持续20多年的跟踪对比调查，每一次调查研究的结果都显示：有温暖的家是孩子们的第一需要和真诚呼唤。北师大对18万中小学生的调查得出同样的结论。

党的二十大报告绘就了中国式现代化的宏伟蓝图，吹响了新时代的嘹亮号角，也为家庭教育事业指明了发展方向。《家庭教育促进法》将"培养家国情怀"作为家庭教育的第一项内容，这是中国文化的优良传统，也是家庭教育最为深厚的根基。如2021年列入国家非遗项目的《钱氏家训》之名言："利在天下者必谋之。"从家国情怀的角度来学习二十大报告，更会字字入心，收获甚丰。

家国命运紧密相连，中国梦就是家庭梦。当习近平总书记宣布："从现在起，中国共产党的中心任务就是团结带领全国各族人民全面建成社会主义现代化强国、实现第二个百年奋斗目标，以中国式现代化全面推进中华民族伟大复兴。"这个历史性的宏伟宣言对于千家万户意味着什么呢？中国式现代化自然包括家庭建设与家庭教育的现代化，这是我们最美好的目标和最重要的背景，我们需要紧密联系着和时刻准备着。也就是说，面向中国式现代化的家庭建设和家庭教育是有中国特色的，我们需要中国的优良传统、中国的理论创新、中国的实践探索，而这些将成为中国式现代化的重要基础。

当然，实现中国式现代化会遇到重重困难，家庭建设与家庭教育也面对诸多挑战，我们该怎么办？习近平总书记指出："中国式现代化为人类实现现代化提供了新的选择，中国共产党和中国人民为解决人类面临的共同问题提供更多更好的中国智慧、中国方案、中国力量，为人类和平与发展崇高事业作出新的更大的贡献！"有这样的气魄和眼光，什么困难不能克服？以家庭教育指导服务为例，当我们深入家庭、学校、社区调查研究的时候，会发现办法总比困难多，广大父母和家庭教育工作者创造的经验令人叹服，可以说教育的智慧在民间，在实践中。与此同时，许多注重理论联系实际的专家学者总结出富有新意的学术成果，也具有颇高的价值。这不就是"中国智慧、中国方案、中国力量"的体现吗？

值得学校、家庭和全社会特别重视的是，党的二十大报告在精心绘制宏伟蓝图的过程中，在第五部分，即论述"实施科教兴国战略，强化现代化建设人才支撑"时，对提高教育水平提出了"健全学校家庭社会育人机制"的要求，这是具有非凡意义的。首先是强化了学校在各方面协同育人机制中的牵头作用，因为国家主导教育，而学校代表国家意志，体现国家指导家庭教育的方向；同时，学校具有育人的专业优势，具有凝聚各方面的力量。这个要求的另一个方面是强调育人机制的健全，也就是说，在立德树人的共同原则之下，学校教育的本质属性是知识教育，家庭教育的本质属性是生活教育，社会教育的本质属性是实践教育或体验教育。强调健全学校家庭社会育人机制，就是各方面要完善各自的本质属性建设，并且形成知识教育、生活教育和实践教育协同育人的格局，建立一种相辅相成的合作关系。

党的二十大报告在第八部分，即论述"推进文化自信自强，铸就社会主义文化新辉煌"时，对提高家庭教育水平提出了"双加强"的要求："加强家庭家教家风建设，加强和改进未成年人思想道德建设。"这样的要求抓住了家庭教育最为本质的内容，一是家庭教育是生活教育，而生活教育首先是家庭建设，通过家庭教育引导良好家风；二是家庭教育的根本任务是立德树人，要以家庭教育促进未成年人思想道德建设；三是良好家风是家庭建设和家庭教育的结晶，体现为"明大德、守公德、严私德"。

让家庭教育回归与创造美好生活，是新时代家庭教育的重大主题。长期以来，多上课外班、竞争高分数、进名校被许多父母视为首要任务，家庭教育被卷入学校化和知识化的误区。之所以说是误区，是因为家校共育的方向不是把家庭变为学校，而是应该让家庭更有家庭的魅力，这样才有利于孩子的健康成长和家庭幸福。如教育家陶行知所说，好的生活就是好的教育，坏的生活就是坏的教育。《家庭教育促进法》的重要贡献之一是引领家庭教育回归正道，例如重申了家庭教育的五大核心内容，即道德品质、身体素质、生活技能、文化修养、行为习惯。这是家庭生活教育的完整概括。如今，校家社协同育人机制和家庭教育指导服务体系都在积极建设中，更应该以生活教育为本来推进家庭教育，促进千家万户的幸福生活。

立德树人是家庭教育的根本任务。需要指出的是，道德具有在生活实践中逐渐形成的规律和特征，如果缺乏生活实践，再美好的道德要求都可能成为空中楼阁。可以说，党的二十大报告要求"加强家庭家教家风建设"，可谓一语中的，抓住了家庭教育的根本规律和核心任务。早在2015年春节团拜会上，习近平总书记就强调："不论时代发生多大变化，不论生活格局发生多大变化，我们都要重视家庭建设，注重家庭，注重家教，注重家风。"这就告诉我们一个深刻的道理：家庭教育的前提是家庭建设，家庭建设是家庭教育的重要基础，而具有相亲相爱的家庭关系和积极向上的家庭生活是家庭建设的核心内容。

幸福是有规律可寻的。2015年11月，哈佛大学医学院麻省总医院精神科医师Robert Waldinger教授在TED谈75年的课题研究。他是该项目的第四任领导者，他说他们花75年跟踪研究了724位男性，并研究他们总数超过2000个的孩子们，发现幸福的人生最终都有一个共同特点：拥有良好的关系。受访者关于幸福的核心答案，完全无关财富、名声或者拼命工作，而是良好的关系让我们更快乐、更健康。

好的关系首先是家庭关系，孩子们最需要温暖的家。中国青少年研究中心对全国中小学生持续20多年的跟踪对比调查，每一次调查研究的结果都显示：有温暖的家是孩子们的第一需要和真诚呼唤。这就告诉父母们一个真理：有温暖的家就是良好的家庭教育。

第二节　养成劳动习惯让孩子终身受益

> 国内外大量的调查研究都证明，童年养成劳动习惯，长大后更可能具有责任心，也更容易适应家庭生活和职场工作的需要，而不爱劳动的人恰恰相反，他们更可能成为生活与职场的失败者。

长期以来，劳动教育严重缺失一直是家庭教育和学校教育的短板，并且成为青少年发展的巨大隐患。因此，将劳动教育纳入国家的教育方针，坚持德智体美劳五育并举，具有极其重要的战略意义。2020年，教育部出台《关于全面加强新时代大中小学劳动教育的意见》（以下简称《意见》），让我们看到了思路清晰、措施有力的行动纲领，这是一个对学生发展真正负责的好文件。然而，能否将劳动教育落到实处，取决于校家社能否形成共识并且密切合作。

例如，在教育中有一个很重要的方法，叫食育，食育是德智体美劳五育的基础。

我的母亲总是能把饭做得色香味俱佳，我从山东到北京工作生活40多年了，每次回青岛都能吃到母亲做的饭，尤其是"离家饺子还家面"，那是街上买不到的美味，是妈妈的味道。

现在有多少父母不会做饭？或者饭菜做得很难吃？还有的父母不愿意做饭了，经常点外卖。2022年出现在北京某小区的一则广告，最醒目的一句话就是："只做妈妈不做饭。"这种价值导向绝对是不利于孩子健康成长的。

当然也有很多父母做得很好。河南省有一个电台主持人叫陶真，她建了一个妈妈群，发起妈妈们每日早餐不重样小打卡，大家分享自己给孩子做的饭菜。陶真坚持了1000天，三年多的时间，几乎天天早餐都有变化。

她的儿子特别爱吃妈妈做的饭，更为妈妈而骄傲，身体也长得很好。这就是好的生活，这就是好的教育。

其实，你会发现，在家里养成家务劳动习惯、生活能力强的孩子，出去面对各种事务的时候，应对能力也很强，碰到麻烦时会有很多办法。

加强劳动教育是家庭、学校和社会的共同责任，而能否尽职尽责，首先要看认识是否到位。如《意见》所说："劳动教育是中国特色社会主义教育制度的重要内容，直接决定社会主义建设者和接班人的劳动精神面貌、劳动价值取向和劳动技能水平。"国内外大量的调查研究都证明，童年养成劳动习惯，长大后更可能具有责任心，也更容易适应家庭生活和职场工作的需要，而不爱劳动的人恰恰相反，他们更可能成为生活与职场的失败者。

可是，这个显而易见的道理为什么被漠视呢？许多人不是完全不明白，而是被应试教育裹挟了，他们认为，孩子只要得高分、进名校，比什么都重要。可以说，应试教育是一种反生活教育，自然会轻视劳动教育。实际上，这是一种近视甚至是扭曲的认识，因为爱劳动、会劳动不仅不会耽误学习，恰恰相反，生活能力强能够促进学习，有助于人的全面协调发展。如《意见》所说："劳动教育是国民教育体系的重要内容，是学生成长的必要途径，具有树德、增智、强体、育美的综合育人价值。"

瑞士教育家裴斯泰洛齐认为生活是教育的目的，他说："教育的终极目的不是圆满地完成学业，而是适应生活；不是养成盲目服从和规定的勤奋习惯，而是培养自主的行为。"同时，他认为要通过生活进行教育，将教育与生产劳动相结合："我试图使学习与手工劳动相联系、学校与工场相联系，使它们合而为一。"

生活教育离不开劳动技能的培养。直到今天，人们仍称赞芬兰的教育是世界一流的水平，特别是跨越一个半世纪的手工教育是强大而优良的传统，其开创手工教育的芬兰教育家乌诺·齐格纽斯就是深受裴斯泰洛齐等人思想的影响。裴斯泰洛齐提出，人的发展要通过头脑、心灵和双手的三维立体发展来更好地实现，学习者应该通过观察和反思生成自己的结论，并且努力从经验和环境中获得价值和意义。他还认为，人的本质不仅包括知识和思考，也包括技能和动手能力，技能技巧的发展同知识的学习一样重要。

目前，家庭教育引起全社会前所未有的高度重视，家校共育正在全国各地如火如荼地开展。我欣喜地看到，《意见》指出："家庭要发挥在劳动教育中的基础作用。注重抓住衣食住行等日常生活中的劳动实践机会，鼓励孩子自觉参与，自己动手，随时随地、坚持不懈地进行劳动，掌握洗衣做饭等必要的家务劳动技能，每年有针对性地学会1—2项生活技能。鼓励学校（家委会）和社区等组织开展学生生活技能展示活动。"我甚至认为，劳动教育应该成为校家社共育的重要内容，或者说，也只有校家社共育，才可能将劳动教育落到实处。

校家社协同育人必须形成一个共识：家庭教育的本质特点是生活教育，生活教育的核心内容之一就是劳动教育，而检验家庭教育指导服务工作成败得失的关键指标，就是看是否推进了美好生活教育，是否重视劳动教育。

值得注意的是，我们不仅仅要培养孩子认识劳动的价值并且有劳动的体验，更要注重劳动习惯的养成，因为习惯才是稳定的、自动化的行为。如《意见》所说："具备满足生存发展需要的基本劳动能力，形成良好的劳动习惯。"我们需要明确，习惯的养成不能只靠行为训练，而要抓牢认知、情感和习惯三个关键环节。具体该怎么做呢？首先要通过鲜活有力的事实，让孩子认识劳动的价值，产生参与劳动的兴趣；其次，要寻找身边的榜样，寻找"妈妈的味道"之源，特别是擅长劳动的父辈和祖辈的故事，激发孩子对于劳动的情感；再次是经过具体训练，学会几项劳动的技能，尤其是与自我管理密切相关的做饭和洗衣服等，重点在于长期坚持，直至养成习惯。

在校家社协同劳动教育过程中，应该根据不同年级学生的身心发展特点和需要，开展丰富多彩的活动。例如多提供适合学生实践的场所和项目，多发现和推广优秀父母和学生的好经验，多给予劳动教育以积极的舆论支持。总之，要牢牢把握《意见》所要求的育人导向："把准劳动教育价值取向，引导学生树立正确的劳动观，崇尚劳动、尊重劳动，增强对劳动人民的感情，报效国家，奉献社会。"

> **孙云晓生活感悟**
>
> 1. 如何培养男孩养成做家务的良好习惯，父亲是最有力的榜样。如诸富祥彦教授所说，男孩子是具有"伙伴＝喜欢为团队做些什么"这种天性的生物，而这和父亲的示范作用是密不可分的，父亲怎样做，儿子就应该怎样做。小学3年级到6年级，正是男孩子通过父亲学习社会性的一个重要时期。
>
> 2. 孩子特别需要养成良好的卫生习惯。在成都市52中学开展的寝室文化活动中，418宿舍的初中男生们自觉制定公约：每天必须洗脚。北京府学小学要求学生，每天穿一双干净的袜子上学。我相信，如果能够养成这两个好习惯，有可能终身受益，因为清洁身体的过程也是净化心灵的过程。
>
> 3. 为什么有些孩子油瓶倒了也不扶？因为缺乏劳动的习惯，眼里没活，更没责任。应中央电视台邀请，我曾评价上海某小学留家务劳动作业的做法。一个孩子如果没有做过家务劳动，培养责任心就是一句空话，因为承担家务劳动是最基本的责任，也是力所能及的事情。同时，孩子承担家务劳动既可以理解父母的辛苦，又可以增长生活智力，对于人的终身发展意义重大。父母需要做的关键不是帮孩子完成劳动作业，而是引导孩子养成劳动习惯，这就要坚持坚持再坚持。当孩子喜欢做家务劳动并且养成习惯，那才是劳动教育的成功。

第三节　培养孩子热心公益的习惯

> 热心公益是现代公民应当拥有的宝贵素质。因而，从幼儿园、中小学开始，我们应当培养青少年儿童热心公益的习惯。

2022 年的北京冬季奥运会给人们留下了深刻印象的，不仅是辉煌的开幕式、壮观的场馆、运动员创造的好成绩，同时还有志愿者的风采。让社会欣慰的是，教育界并没有忘记自己的责任，作为一种导向，一些大学在招生时，已经开始关注那些热心社会公益活动的学生。在有些省份，一定的公益活动时间也成为对学生的常规要求。公益活动的价值究竟是什么？我们为什么要引导孩子养成热心公益活动的习惯？在我和老同事刘秀英合写的《应当培养青少年热心公益的习惯》一文中，我们做了一些探讨，这里与大家分享一下。

一、只要人人都献出爱，社会就会充满爱

亚里士多德说："人在本质上是社会性动物，那些生来就没有社会性的个体，要么比人类低级，要么是超人。不能过社会生活的个体，或者自以为不需要因而不参与社会生活的个体，不是兽类就是上帝。"人不可能脱离社会而存在。生活于社会中的个体，要生存下去，要进行正常的生活，必然要依赖很多人。因而早在原始社会，人类就开始有了社会分工：有的打猎，有的耕种，有的在家里养育孩子……社会发展到今天，人与人之间彼此的依赖程度变得更高。就拿行路来说，每个人出了家门行走的每一步路，都有无数人在为他服务：许许多多的道路、桥梁的设计者和建设者，养路工和清洁工，司机，交通警察，等等。生活在社会中的"我们"，每时每刻都在向这个社会索取着。我们需要新鲜的空气，我们需要洁净的水，

我们需要吃粮食、用电、看书，我们需要安全感，需要微笑、问候、呵护，需要被肯定……

我们需要的这一切，都是由谁来满足的呢？我们又能为别人提供一些什么呢？为了让每一个人的需要都得到满足，在我们尽情享受无数人的智慧和劳动的成果时，我们也必须同时奉献出我们的爱心、劳动，等等。每个人都依赖社会，同时又尽心尽力地为社会付出，这样才会有和谐社会。正如一句歌词唱得好："只要人人都献出一点爱，世界将变成美好的人间。"自己健康、快乐地活着，并因自己活着，让他人有所获得，让自己成为他人的需要，这正是人的生命的意义。也许有人会说，我只要自己活好就可以了。是的，在现实生活中，的确有一些人，他们也许不伤害别人、不损害别人的利益，可是，他们也从没想过要为别人做点什么，压根儿就没有为他人、为社会服务的意识。要知道，那些不停地向社会索取而从不付出的人，他们的存在对于他人和社会来说已经是一种伤害——因为他们寄生在别人的贡献之上。

二、提高公民的公益意识是中国跨向文明社会的要求

民众公益意识的强弱是衡量一个国家社会文明程度高低的重要标志之一。改革开放以来，我国的国民经济快速发展，但是，相对于经济发展，我们的社会文明建设还没有达到足够的高度。这其中，民众的公益意识不强是一个突出的问题。因为社会是大家共有的，理所当然，大家的事情应当大家做。但有时，恰恰是因此，反倒导致大家的事情没人做，所谓"三个和尚没水吃"的现象，生活中真是比比皆是。

社会心理学曾发现一种比较著名的"责任扩散"现象，是指在一个群体中，由于有他人在场，在一定程度上抑制了个人的行为动机。这是因为，多人在场，每个人都认为他人会"挺身而出"，承担起当时情境中的责任，从而将责任扩散了，最终的结果是谁都没有负起责任。比如路上有水管漏水了，每个经过的人都看到了，都觉得水白白流掉很可惜，也都抱怨为什么没有人管一管，为什么没有人给有关部门打个电话……事实上，每个人都寄希望于有人去做这件事，结果是谁都没有去做。中国最早的民间环保组织"自然之友"会长梁从诫先生认为，从历史、文化的角度看，我们的传统文化里尽管有"先天下之忧而忧，后天下之乐而乐"等名句，但它远远没有成为中国人的行为准则，而中国俗文化里的很多说法，比如"各人自扫门前雪，莫管他人瓦上霜"，却被人们口耳相传多少年，成为许多人的行为准则。老人教训年轻人、年轻人教训小孩时，总爱说"少管闲事"或者"人多的地方少去"，这反映了一种普遍的公众心态。

　　如今的中国虽然已经走上了市场经济的道路，法治社会的建设也正在进行，但迄今为止，仍然存在着"老百姓"意识。"咱老百姓如何如何""那是当官者的事，与咱平民百姓无关"等说法，我们随时随地都可以听到。把自己认同为"老百姓"，从一定层面上看，就是一种对公共责任的回避。

　　公民之所以姓"公"，就在于每一个公民都有相应的无可推卸的社会责任，公民的权利与社会责任是不可分割、不可回避、不可转让的，这就是现代社会的公民文化。整日抱怨社会风气不正，并不能直接推动社会进步。多问问自己作为一名公民，承担了多少社会责任、为社会的进步贡献了多少力量，对社会的发展才更具建设意义。

三、公民意识已经成为全球意识

　　一位研究捐献的心理学家说，捐赠行为与个人的经济条件没有必然的联系。很多美国人之所以选择捐赠的方式，是因为他们有一种回馈社会的意识。早在20世纪上半叶，做义工在美国就成为一种普遍的社会公益的参与方式。在1993年的"国际海岸清洁日"，全美有22万名义工在数千里海岸线和河边清扫掉了2400吨垃圾。

　　既然公益事关公众共同的利益，那么现代公民就应该付出自己的时间、财力与劳动，去增加和改善整个社会的福利。

　　因此，公益事业可以说是不同社会形态下人们一致的事业，它反映出人们一种朴素而美好的道德情操，也体现出一种社会文化——现代公民意识。只有在把自己看作是具有相应的权利与义务的社会公民时，人们才会自觉地去维护公众利益，去为社会、大众的利益而尽职尽责。

美国社会学家A.英格尔斯在6个发展中国家进行了大规模的比较性社会调查。他在每个国家访问了1000人，包括农民、产业工人及其他阶层的人员。他得出的主要结论是：国家的现代化首先是人的现代化。他讲的一段话很耐人寻味："一个国家，只有当它的人民是现代人，它的国民从心理和行为上都转变为现代的人格，它的现代政治、经济和文化管理中的工作人员都获得了某种与现代化发展相适应的现代性，这样的国家才可真正称之为现代化的国家。否则，高速稳定的经济发展和有效的管理，都不会得以实现。即使经济已经开始起飞，也不会持续长久。""我是公民。"这是中国社会现代进程中，每一个人都必须树立的观念。因为只有具备了公民意识，才能谈公益意识。

关心社会的人才能有所成。如果我们的教育总是让孩子只关注自己的利益，如果学生到学校学习的目的只是将来能考上好大学、找到好工作，那么，有了好工作之后又会怎么样呢？是否人生目标就实现了呢？如果是这样，在有了"好工作"之后，人就会变得毫无追求，失去生活和工作的动力。再说，以"考好学校""找好工作"为目标的"动力"，也不足以给一个人提供克服困难的意志和力量，因而人的持续发展也将受限。那些在社会上真正取得成功的人士，他们都有着为社会作贡献、服务他人的远大志向。

爱因斯坦曾经说过："我每天都提醒自己，我的精神生活和物质生活都依靠着别人的劳动，我必须尽力以同样的分量来报偿我领了的，和至今还在领受的东西。"世界著名科学家、黄色炸药的发明者阿尔弗里德·诺贝尔小的时候问父亲："炸药是伤人的、可怕的东西，为什么还要研制它？"父亲这样回答："虽然炸药会伤人，但是我们要用炸药开矿山，采集石头，修筑公路、铁路、水坝，为人民造福。"听了父亲的话，诺贝尔说："我长大了，也要研制炸药，用它来造福人类。"就像很多人所了解的那样，在美国，高中毕业生要想顺利毕业，要想进入大学，必须拥有作为志愿者在社区进行服务性工作的经历，并且参加这种"义务劳动"的时间要达到规定的标准。

为什么会有这样的要求？一位美国大学的系主任的行为也许有代表意义。他在录取学生的时候非常注重"志愿者服务时间"这个指标，他认为，一个孩子能否关注他人的命运，关注社会的需要，是这个孩子今后能否有大的造诣的前提条件，不管他研究的是什么专业，他都需要把为人类工作当成目标和动力。

公益不是有钱人才能做的事情。按照中国有关社会公益的法规，公益事业分为四大项：救灾、济困、助残等活动；教科文卫体事业；环境保护和公共基础设施建设；有利于社会发展和进步的公共和福利事业。无论哪类项目的公益活动，都是一种基于个人的慈善与博爱的行为，是以志愿精神从事公益的行为。公益是每个公民的义务和责任，是一种自觉自愿的、不以要求回报为目的的利他行为。公益不仅是一种利他的奉献，还是一种道德自律，包括不损害他人利益等。

有人认为，公益事业是富人、有钱人、大企业做的事情，与工薪阶层，特别是少年儿童关系不大，他们只是社会公益的受益者，有心却无力去为社会和他人做事情。其实公益心与慈善是不同的。公益心是对社会普遍现象的关心，是一种朴素而美好的道德情操；而慈善是一种个别行为，是对某种危机状态的救助，两者有着层次上的不同。

一位经常参与公益活动的人说："做慈善的人需要有一定的经济基础，也需要有自信心；而参与公益事业是一种习惯，谁都可以去做。"参与公益活动是一种非常有益的经历，人们可以从中获得快乐感和幸福感，而这种幸福感是滋养生命的营养液。

对于少年儿童来说，碰到邻居老人上下楼困难，帮助扶一把；外出时找不到垃圾桶，把垃圾带回家；在清明节时，去烈士陵园扫扫墓；假日里，到敬老院陪伴一下孤寡老人，给他们表演几个节目；冬天打扫院中的积雪，向居民宣传防火知识；把自己读过的书寄给贫困地区的小朋友；在阳台上种花种草……这些并不需要钱，要的只是一种公益心。所以说，并不是只有富人才能给予别人幸福。

热心公益是现代公民应当拥有的宝贵素质。因而，从幼儿园、中小学开始，我们应当培养青少年儿童热心公益的习惯。

> **孙云晓生活感悟**
>
> 1. 慈善心之所以重要，因为它是爱心与美德的源头和基础。如孟子所言："恻隐之心，人皆有之；恻隐之心，仁之端也。"意思是说，同情心人人都有，同情心是爱的萌芽。所以，要格外珍惜和培养孩子的同情心，引导其发展成为慈善心，进而养成热爱公益事业的良好习惯，这是真正让人终身受益的教育。
>
> 2. 家风建设实际上是家人的习惯养成，校风建设同样如此，其重要性不言而喻。问题在于，概念化的要求难以养成习惯，要考虑从何处入手才有好的结果。《福格行为模型》认为这属于群体行为设计，第一原则是帮助人们做他们已经想做的事，第二原则是帮助人们感受成功。有些家庭之所以家风建设不理想，可能与要求过于高大全有关，难以调动家人的积极性。行为设计学认为，容易的行为更可能成为习惯，一点小改变会带来大改变。所以，改变家庭或学校群体行为，要从群体成员的愿望出发，设计容易的行为，这才可能逐步养成习惯，培养出良好的家风和校风。

第四节　理性消费应该成为一种习惯

由于生活水平的提高，不少家庭的孩子零花钱也多起来了。特别是独生子女家庭，一些父母给孩子零花钱时，出手阔绰，孩子花得也气派。可是钱花了，却花出不少问题来。我们应该引导孩子养成理性消费的良好习惯。

一、孩子盲目消费说明了什么

深圳一位女教师听过我的课后，说："孙老师呀，广东的孩子不一样啊。你说学习重要，他说我爸爸没知识，他雇几个博士管理企业，不照样挣大钱吗？还说他家雇好几个保姆，买一个音响就50万港币！所以，多花钱不算什么。"

我想许多父母肯定都会遇到这个问题，就是你们的孩子上学了，你给他多少零花钱，你怎样教他使用零花钱。同时，也要引导孩子关心家庭生活，对家庭建设尽一份责任。

针对有些"熊孩子"在游戏或直播中疯狂充值这种情况，2020年4月19日，央视网曝光了4起典型案例。第一起是江苏11岁男孩打赏主播，花光家里40万房款；第二起是河南11岁男孩沉迷网游，花光父亲20万手术费；第三起是广西11岁男孩偷记密码充值游戏，父亲银行卡被刷爆；第四起是广西一"熊孩子"借上网课为由打赏主播，两小时花掉3万多元。江苏11岁男孩误把"打赏"这一行为当成了玩的，他不知道需要花钱。所以当他需要刷脸验证的时候，他就跑过去找奶奶，说要给奶奶拍个照，还让奶奶按着操作说明眨眨眼什么的。因为他奶奶年纪比较大，没有意识到这种行为的风险，所以就配合小男孩完成了刷脸验证。验证码发到奶奶手机上以后，他偷偷看了验证码，然后就开始疯狂打赏主播，结果花掉了家里40万的房款。

商品经济社会充满了诱惑，儿童教育不应该也不可能回避金钱。现代教育确实是需要金钱，但是光有金钱堆不出一个现代的教育。如果金钱用得不好，还可能成为孩子成长中的一个陷阱。在今天这个时代，如何让孩子认识钱，学会消费，这已经成为一个不可回避的课题。

消费的能力是不可缺少的。如果孩子不能适应商品社会，长大以后很难成为社会财富的创造者。在现代社会中，理财能力是人的生存能力的一种，直接关系到人的发展和一生的幸福。

二、学会合理消费

学会消费的原则是适度消费和合理消费。什么叫适度消费呢？就是孩子花的钱要和他的年龄、家庭收入以及他的需求与能力相一致。你给孩子钱过多，孩子乱花，就很容易出现问题。

《2012年中国少儿财商调研》发布报告称：零花钱是6~12岁孩子"收入"的主要来源。目前，超过3/4的儿童拥有零花钱，仍有1/4的儿童没有零花钱，同时，有26%的父母表示自己不会给孩子零花钱。零花钱的金额方面，四成儿童的月零花钱在50元以下，月零花钱在100元以上的"大款"有16.7%。而在儿童的个人积蓄方面，我国儿童个人存款额在1000元以下的占38%，1000元至5000元的占19%，5000元以上的达18.49%，儿童财富两极分化现象凸显。

2017年，京版育儿传媒父母必读杂志社与芝麻街工作室共同发布《中国家庭财商培养状况调查报告》。此项调查显示，我国父母和家庭普遍对财商缺乏了解和重视，并且没有充分认识到财商与日常生活的密切联系。有接近半数的父母会有意识地储蓄，但在这接近半数的父母中，有超过半数的人认为没有教孩子储蓄的必要。

中华女子学院汪连新副教授对儿童财商教育进行过实证调查。数据显示，针对"是否有必要让孩子支配零花钱"的问题，被调查者中，有156

人选择"不必要",占比65%;选择"有必要"的有46人,占比19%;选择"很有必要"的只有17人,占比7%;还有20人选择"不给孩子零花钱",占比8%。①

可见,很多父母对于孩子的财商教育认识是有误区的,这在日常生活中也常能看到。

其实,尽管家庭收入有高低,要紧的是要让孩子知道怎样适度消费,理性面对需求与困难。

我们在研究中发现,很多家庭比较贫困的孩子成长得也很好。现在许多大学都有贷款助学,家庭有困难的都可以贷款,一个学年可以贷到5000元到7000元,甚至还有更多的帮助。

最关键的是一个教育问题,就是怎么让孩子面对这个困难。有的父母走进了一个误区,认为家里越穷,就越要让孩子穿名牌,这样才能让孩子不自卑,让孩子在人前能抬起头来。其实这样是非常不明智的。正确的做法是要让孩子知道自己家庭的困难,并勇敢地面对它,承担起一份责任来。

在与父母们的交流中,我们发现这样一个现象,有的父母管孩子管得很严,怕孩子乱花钱,干脆不给孩子零花钱。这其实并非上策。有的时候同学在一块玩,玩渴了就买饮料、冰激凌等,你孩子没有钱,别的孩子就可能给买他一份。但总是吃别人的,这个孩子心里也有一些不大舒服,人际关系也可能扭曲。于是有的孩子就开始无条件服从他人,有的甚至会偷拿别人的钱,拿家里的钱。

所以我建议,当孩子成为小学生之后,适当给孩子一点儿零花钱,哪怕就几块钱,让他自由支配,这对孩子的心理健康和财商发展也会有一定的好处。

当然,父母要过问,让孩子讲讲这钱是怎么花的,要让他花钱花得合理。有的爸爸妈妈很会教育孩子,给他5块钱,让他到商店里去买东西,告诉

---

① 汪连新. 儿童财商教育现状调查及路径探究 [J]. 中华女子学院学报,2020(3):63-70.

他看看家里需要什么，你自己需要什么，就买什么，目的就是让孩子认识到这个钱能买到需要的东西。

有一位妈妈是某青年协会的一个领导人。有一次在北京见到我，她说起她的女儿："哎呀，我的女儿不得了！"

原来她女儿在英国留学，妈妈爸爸都有钱，就给她一张信用卡。后来妈妈忽然发现这个孩子花钱如流水，花得特别多，妈妈就害怕了，觉得这样不行，得赶快换一个主意。

我对她说："你这个做法就像有些企业管理得不好一样，有些人花公家的钱不心痛，认为不花是傻瓜，因为企业的兴衰跟他的收入没有关系。"

后来，这位妈妈给孩子立下规定，一年只能花多少钱，这样孩子才开始精打细算。

三、父母的消费方式影响孩子的消费观

2015年9月23日《大河报》报道，很多小学生的"入学装备"价值不菲，有些整套的学习文具竟达万元以上。

开学至今，新生们在适应校园生活的同时，与小伙伴交流增多，一些小学生开始"展示"自己的"新装备"——可定位的电话手表、带电动的卷笔刀等新奇品种众多。此外，还有一些常见的文具也价格昂贵：一块橡皮35元、一套铅笔99元……有一套进口品牌推出小学生入学全套装备，大到书包、衣服、帽子，小到铅笔、橡皮、尺子等，还有水瓶、饭盒等生活用品，共计12348元。

而对如此高消费，一些父母直呼"伤不起"，担忧孩子受"传染"，养成不良消费习惯。一些老师则表示，如此"高大上"的文具着实没有必要，父母如此高投入，不但人为地制造了特殊，也给孩子今后的学习成长带来不利影响。

随着经济的发展和物质水平的提升，中小学生已经成为一个特殊的消费群体，他们不再仅仅作为父母的抚养对象存在，而是对家庭消费行为和习惯有着越来越大的影响力。

研究发现，大部分小学生购买文具的心理都比较合理，他们对文具的消费目的大多是实用性，是实实在在的基本需要型消费，但也有10%左右的孩子会出现高消费的行为。这些高消费的孩子往往存在着模仿心理、虚荣心理、弥补心理和依赖心理等问题。

值得父母注意的是，儿童的消费观实际上是在父母消费方式的影响下形成的。也就是说，孩子不合理消费的背后，往往有着父母的原因。父母的消费方式，包括消费行为、消费观念、消费结构与习惯以及对儿童消费观的教育，这些都在潜移默化中影响着儿童的消费观念和消费习惯，并最终决定孩子形成什么样的消费观。

很多父母缺乏对现代消费理念的认识和关注，只重视对孩子的物质满足，比如文具、衣物、饮食都追求最好的，却忽视了孩子的精神培养，比如缺乏对孩子的理财教育，让他们觉得钱来得很容易，甚至形成金钱至上的错误理念。

所以，父母在日常消费时，特别是在给孩子买东西时，需要避免奢侈浪费或虚荣攀比，要让孩子觉得金钱来之不易，必须付出努力才能得到。

在这一点上，我们需要学习美国石油大王洛克菲勒的教育方法，曾经作为世界首富的他，给孩子的零花钱却非常有限：10岁以下孩子一周零花钱3毛，10岁以上孩子是1美元50美分，且对于如何花钱有明确的14条协议，并要求孩子每周向父亲报账，用于储蓄的不少于20%，用于慈善方面的不少于20%，以此培养孩子健康合理的消费理念。这些看似严苛的做法，却让孩子终身受益。

四、孩子需要理财教育

如果你的家庭比较富足，让你的孩子当一个穷学生，不要让他挥金如土；

如果你的家庭生活有困难，你也不要让孩子自卑，要让孩子抬起头来走路。这样的教育可能会让孩子变得更坚强。

在理财教育方面，何为理性和非理性？在网上流传过这样的故事：

A 孩子问他的富爸爸："我们家有钱吗？"A 爸爸回答他："我有钱，你没有。我的钱是我自己努力奋斗得来的，将来你也可以通过你的劳动获得金钱。"

B 孩子问他的富爸爸："我们家有钱吗？"B 爸爸回答他："我们家有很多钱，将来这些钱都是你的。"

当然，不是所有的爸爸都如此回答，但不同的父母给孩子不同的影响是确定无疑的。

A 孩子听了爸爸的话，可能会获得以下几方面的信息：

自己的爸爸很有钱，但爸爸的钱是爸爸的；

爸爸的钱是通过努力得来的；

我如果想有钱，我也得通过劳动和努力获得。

获得了这些信息，这个孩子就可能会很努力，对人生也会有很多期待，他也想通过努力，像爸爸一样获得财富。A 爸爸传给儿子的不仅仅是物质财富，更重要的是一种精神财富，精神财富会让孩子受益一生。

B 孩子听了爸爸的话，可能会获得的信息是：

我爸是有钱人，我们家有的是钱，我爸的钱就是我的钱！我不用努力就已经有很多钱了。

于是，当孩子长大接手父亲的财富以后，不知道珍惜和努力。其结果可能应了古语"富不过三代"！

这位 B 爸爸传给自己孩子的仅仅是物质财富，没有精神财富作依托，物质财富是一把"双刃剑"。所以，很多时候，孩子不知道父母赚钱的辛苦，认为花父母的钱理所应当，成长就可能出问题。

2019 年 12 月 4 日，《人民日报》报道过一篇新闻：《12 岁孩子用手机玩网游，充值近 10 万元，父母蒙了》。

家住南京浦口的张先生最近发现微信账户里的钱一直在减少，通过查询账单，张先生才知道，从暑假7月份开始，12岁的女儿就通过某手机平台下载了一款网络游戏，并通过该平台陆续为游戏充值。其中，仅仅7月和8月就为游戏充值了7万多元，加上其他游戏和打赏的费用，总共将近10万元。①

近年来，媒体经常报道"熊孩子"打游戏花费父母多少钱，给主播刷礼物花费多少钱等等。孩子缺乏理性消费的习惯，父母也要对孩子加强金钱观和理财方面的教育。

尽管全国各地都在探索理财教育，但从总体来看，我国理财教育目前尚缺乏系统性，没有形成科学的体系。许多地区和小学理财教育形同虚设或者根本缺失。这自然需要加强和改进。作为爱心满满的父母，义不容辞要承担起家庭理财教育的责任。

在理财教育方面，英美两国走在了世界的前列，他们根据孩子不同年龄段特点，制订出了理财教育的目标和内容，这些教育规划非常详尽具体，可操作性强，贴近儿童的生活，符合儿童认知规律。对于那些不知道如何对孩子进行理财教育的父母有很好的借鉴价值，可以参考如下内容：

学前阶段：3岁能够辨认硬币和纸币；4岁知道每枚硬币是多少分；认识到无法把商品买光，因此必须做出选择；5岁知道硬币的等价物，知道钱是怎么来的。

小学阶段：6岁能够找数目不大的钱，能够数大量硬币；7岁能看价格标签；8岁知道可以通过做额外工作赚钱，知道把钱存在储蓄账户里；9岁能够制订简单的一周开销计划，购物时知道比较价格；10岁懂

---

① 12岁孩子用手机玩网游，充值近10万元，父母蒙了［EB/OL］.（2019-12-4）［2022-10-13］. https://baijiahao.baidu.com/s?id=1651919226031507743&wfr=spider&for=pc.

得每周积累一点钱，以便大笔开销时使用。

中学阶段：11岁知道从电视广告中发现事实；12岁能够制订并执行两周开销计划，懂得正确使用一般银行业务中的术语；13岁至高中毕业尝试进行商务、打工等赚钱实践。

孙云晓生活感悟

1. 没有控制欲望的能力就难以生存。2011年，安徽省17岁高中男生王某为了买iPad，瞒着父母，把自己的一只肾以2.2万元的价格卖给"黑中介"，拿到钱后的王某立刻去购买了一台"苹果"手机和一台iPad2。卖肾后的王某身体状况越来越差，经检查被判定为三级伤残。

2. 无法抵御金钱的诱惑就可能是堕落的开始。2011年11月，上海市检察院披露了一起20多名女中学生集体"援交"的案件，这些女中学生大都未满18岁，最小的不到14岁。据检方披露，其中一些女孩家庭经济条件不错，出卖青春只是因为爱慕虚荣，控制不住高消费的欲望。

第五节　让关爱成为一种习惯

生活中,我们经常发现很多人都记不住父母的生日,虽然这不能作为衡量孩子是否具有"孝心"的标准,但或许说明了这样的孩子缺少关爱习惯。在生活中培养关爱的习惯,不仅是尊重体贴他人的体现,也有利于社会交往能力的提升。

许多父母对孩子是充满"孝心"的,唯恐孩子吃不好、穿不好、玩不好,想得很周到。可是孩子对父母、对爷爷奶奶有孝心和感恩吗?那不一定。

2015年1月14日《潮州日报》报道,广东省潮州市某中学进行了一项调查,发现近七成的中小学生不清楚父母的生日,有的学生甚至能背出班上许多同学的生日,问到父母的生日时却变得茫然无知。

同样,在2014年武汉某中学国际部招生的中文面试中,一道题是:请说出你六位亲人的生日,包括父母、爷爷奶奶、外公外婆。这让多数先前应答如流的学生"卡了壳"。当天参加面试的200名学生中,九成学生都被这道题难倒。

虽然是否记得住父母的生日不能作为衡量孩子是否具有"孝心"的标准,但是这也说明父母在教育孩子的过程中,缺乏尊敬长辈的教育,可能导致孩子以自我为中心,缺少关爱习惯。

一、孩子的许多缺点是父母辛辛苦苦培养出来的

有一个20岁的女孩子,跟我在网上聊天。有一次她说:"孙老师,您知道我妈妈是怎么说我的?她说她是整个儿一个热脸贴在我的凉屁股上。"

很多父母对孩子付出很多却得不到孩子的理解,这让做父母的心里特别难以平衡,孩子的冷漠让人寒心。

但是，孩子的错往往是大人的过，孩子的许多缺点是我们做父母的辛辛苦苦培养出来的。很多时候我们在用自己的方法去摧毁自己的目标，我们是自己和自己作战。你希望孩子成为一个有爱心、有健康人格的人，你的很多做法却没法让他成为这样的人。

相比较而言，我们的邻国日本，在感恩教育方面有很多好的做法，例如把孩子的成长与父母联系起来。

根据 2013 年某日《生命时报》的报道，日本的孩子从上幼儿园起就开始接受感恩教育。首先从感恩父母开始，幼儿园会为每个孩子举办生日会。孩子生日前，老师会通知他们的父母出席。在生日会当天，"生日星"从出生以来的照片都会被悬挂起来一一展示。同时，孩子的父母会在所有小朋友面前，讲述孩子从出生到咿呀学语，从蹒跚学步到伸出手指头数数等成长中的点点滴滴。

孩子从小就知道父母对自己的辛苦养育和付出，自然也就容易懂得尊重生命和感恩父母。

二、孩子是在体验中长大的

大家都知道一句话："穷人家的孩子早当家。"穷人家的孩子为什么比较有孝心，因为他很早就体验了生活的艰辛，知道父母是如何辛苦的。没有体验的孩子难以理解生活的艰辛，以为钱都是从天上掉下来的。

请看北京一个小学生与母亲的对话：

小学生问："妈妈，咱家怎么不买汽车呀？"

妈妈说："这汽车很贵，要十几万啊！"

"才十几万块钱哪！"

通过孩子的话，我们就可以判断孩子缺乏基本的生活体验。没有体验就没有正确的认知。今天的孩子没有孝心的重要原因是他不知道父母的艰辛，不知道，也没体验过父母是怎么养育他的。

2012 年的某一天，《重庆商报》组织了几名小学生去体验一天父母的工作，起初这些孩子对这种体验活动不以为意。

重庆渝北金港国际实验小学四年级王同学的父母开了一家面馆，妈妈就给他安排了帮面馆送外卖的工作。

"送外卖太轻松了，边走边玩就可以把工作做完。"

王同学欣然答应。结果早上第一次到某公司送餐的过程就让他感觉到了这份工作不好做。

"刚开始，感觉四份面不算重，还可以边走边玩，但是走了一会儿，就感觉面越来越重，等走到公司时，都快端不动了，累得汗水直流。"王同学说。吃饭高峰期的时候，他忙得连休息时间都没有，也顾不得吃饭，感觉又累又饿。

忙了一天回到家，王同学就只想睡觉休息，其他事情都不想做。想想以前妈妈下班后，来不及休息就被他催着做饭吃，他感觉很惭愧，决定以后要多体谅妈妈的辛苦。

还有其他孩子认为父母在空调房里工作，应该很舒服、很惬意，真正去经历了才明白，父母的工作其实充满紧张和压力，让人繁忙劳累。

所以，对孩子而言，只有亲身经历才能体会生活的不易，只有亲自体验才能明白父母的辛苦，这也是令孩子信服的教育方式。

三、从小培养孩子与大家分享的习惯

有位妈妈讲自己孩子的故事值得分享：

> 儿子从小到大，全家人都对他宠爱有加，爷爷奶奶更是特别宠着他。我们这个地方偏僻，一些新鲜水果价格很高。但是，这并不影响我们对孩子的爱。樱桃刚上市时，500克要30多元，我偷偷给孩子买了5元钱的，不到10个，我和孩子爸爸都不舍得吃，全留给了孩子吃。那天，孩子吃的时候，刚好爷爷走进来，我就赶紧对孩子说："快给爷爷吃一个！"谁知道孩子却不肯给，我挺生气，就拿了几颗樱桃递给

爷爷。没想到儿子见状大哭大闹,还骂爷爷。爷爷赶紧说:"爷爷不吃,都留给宝宝。"可是儿子还是哭闹不止,甚至跳起来把那几个樱桃都踩烂了!这件事让我很伤心,这孩子怎么就这么不懂事呢?

其实在目前的少子女时代,这种情况不是偶然发生的。当父母把所有的爱都灌注到孩子身上,无原则地牺牲自己和家人来满足孩子的欲求,让孩子独享最好的东西,反而容易使孩子形成自私、蛮横、理所当然、唯我独尊的心理。

建议广大的父母们,你在家里吃东西时,不管是什么好东西,最低原则是每人一份,要让孩子心里有别人,有好吃的要大家一块分享,更不能说最好的那个就是他的。要让孩子从小就有份额意识。

孩子长大的过程是由自然人变成社会人的过程,孩子的长大就是社会化过程。什么叫社会化呢?用通俗的话解释一下:当你的孩子能够想到别人时,他的社会化就开始了;当你的孩子能够处理好你我他之间的关系时,他的社会化就达到了一定的水平。

四、家庭是培养习惯的学校,父母是培养习惯的老师

叶圣陶老先生说得好,教育就是培养好习惯。让我们来看看这位著名教育家关于习惯的精辟论述[①]:

> 我想"教育"这个词儿,往精深的方面说,一些专家可以写成巨大的著作;可是,往粗浅的方面说,"养成好习惯"一句话也就说明了它的含义。无论怎样好的行为,如果只表演一回两回,而不能终生以之,那是扮戏;无论怎样有价值的知识,如果只挂在口头说说,而不能彻底消化,举一反三,那是语言的游戏;都必须化为习惯,才可

---

① 叶至善,叶至美,等.如果我当老师[M]//叶圣陶集:第11卷.南京:江苏教育出版社,2004:129-130.

以一辈子受用。

养成小朋友的好习惯,我将从最细微、最切近的事物入手;但硬是要养成,绝不马虎了事。比如门窗的开关,我要教他们轻轻的,"砰"的一声固然要不得,足以扰动人家心思的"咿呀"声也不宜发出;直到他们随时随地开关门窗总是轻轻的,才认为一种好习惯养成了。

父母对于培养孩子的习惯是最有责任也最有优势的,所以有的教育家说,家庭是培养习惯的学校,父母是培养习惯的老师。

父母是对孩子影响最大也最持久的人,孩子最早是通过父母来认识世界的,特别是在幼年,孩子几乎是父母的影子,父母的一言一行对孩子的影响都是根深蒂固的,所以父母是孩子最好的老师。父母以身作则,成为孩子最好的榜样是家庭教育中最有效的方法。

北师大教授于丹特别强调父母在家庭里的榜样作用,她说:"言传不如身教,相对于行为的强大,思想和语言往往是苍白的。"于丹的女儿是独生女,她2岁时,姥姥患上了糖尿病,每顿饭前父母都要叮嘱姥姥吃药。所以久而久之,孩子也养成了习惯,每次吃饭前刚拿到筷子,她就说:"姥姥,吃药!"每次于丹陪母亲散步都会牵着母亲的手,等她女儿4岁时,一天出门,于丹发现女儿没有带心爱的布娃娃,就问她为什么,结果女儿说:"我要腾出手来扶我姥姥啊!"这些事情让于丹感慨不已,感动之余更明白了父母是孩子最好的老师,父母的身教要比言传重要得多。

梁启超说得好:"忠孝二德,人格最要之件也。二者缺一,时曰非人。……人非父母无自生,非国家无自存。孝于亲,忠于国,皆报恩之大义。"

孔子的学生子夏问:"什么叫孝?"

孔子就说了两个字:"色难。"

什么意思呢?就是说你能够对父母永远保持一种愉悦的脸色,因为态度与习惯是最难的。如果捧着一碗饭,"啪"的一声放在父母面前,就像喂动物似的,这叫什么孝敬?《礼记》中讲,"孝有三,小孝用力,中孝用劳,大孝不匮",就是说要永远保持孝心,没有穷尽空乏之日。

儿童教育的特点是由近及远,儿童不能理解太高太大的事情,应该让他从爱母亲做起,从爱父亲做起,从爱老师和小朋友做起。当然,对父母来说,没有父母的爱心,也就没有孩子的孝心;那么,对孩子来说,没有孝心,就没有爱心。

> **孙云晓**
> **生活感悟**
>
> 1. 培养孩子有爱心的主要方法之一是培养助人的行为习惯。如孔子所说的"仁者爱人"。《圣经》也说"当爱人如己",即"无论何事,你们愿意人怎样待你们,你们也要怎样待人"。我们在学校开展爱心行动,在班级鼓励交友,在家庭确立服务岗位,这些方法对孩子养成助人习惯都能够起到积极作用。
>
> 2. 2002年,我在中国青少年研究中心主持全国教育科学"十五"规划的习惯研究课题时,曾聘请中国人民大学的沙莲香教授担任总课题组的专家,并接受我们的访谈。有一件小事至今令我难以忘怀:沙教授来我们中心时,竟然将手提包放在地上。我们一位年轻的同事见了,急忙拿起来要放到桌子上,却被沙教授制止了。她说:"我的包东放西放不干净,不可以放在别人的桌子上,放在大家坐的沙发上也不合适。"这个细节让我们汗颜。我们还在研究习惯与人格的关系,自己有为别人细心着想的习惯吗?就是因为时时处处严以律己的这个细节,我记住了沙莲香教授,她以自己的行为告诉我们什么是好习惯。

第六节　没有责任心的孩子长不大

是否具有责任心,是衡量一个人是不是现代人的主要标志之一,也是衡量少年儿童社会化水平的关键指标之一。

孩子的责任心弱是让父母头痛的一个问题,孩子没有负责的习惯,用俗话说就是"油瓶倒了也不扶",这样的孩子,你敢把重要的事情交付给他吗?

一、孩子的责任心往往是被大人剥夺的

很多父母觉得如今的孩子越来越缺乏负责的习惯,实际上很多时候,孩子的责任心往往是在父母的错误教育中丧失的。

童童上小学三年级时,有一次晚饭后妈妈正在洗碗,他主动要求帮助妈妈刷碗。妈妈当时就觉得孩子长大了,感动地告诉儿子碗应该怎么刷。童童学得很起劲,刷碗时跟玩儿一样,把油和水溅得衣服和地上都是。妈妈赶紧制止了他:"你这哪是帮忙,简直就是添乱啊!"从那以后,妈妈就不再让童童做洗碗这样的家务了。后来随着年级的升高,童童学习压力的增大,妈妈就更不给童童做家务的机会了。

童童的妈妈可以代表许多父母,虽然许多父母认识到做家务对于孩子养成自立、负责的品质有重要作用,但实际上孩子做家务的情况并不太乐观。2021年,中国青少年研究中心"青少年学生劳动状况调研"课题组通过问卷形式,对全国13991名中小学生开展了专项调研。统计发现,超过85.3%的中小学生每周平均家务劳动时长在2小时及以下,其中67.52%为1小时及以下,34.92%不超过半小时。调研结果显示,大部分受访中小学生平均每周家务劳动时间不足。①

有些父母不仅剥夺孩子帮助父母做家务的机会，而且连孩子自己应该负责的洗袜子、整理书包等事情都给代劳了。孩子的责任心就这样被大人剥夺了。

曾经有个孩子到了学校后才发现作业本没带，笔也没带。不一会儿她的奶奶跑了过来，一边擦汗，一边气喘吁吁地说："是我忘了放进书包里呀，不是我孙子不好，是我不好！"

长辈把孩子的责任都揽在了自己身上，那孩子还要承担什么责任呢？其实，许多父母都有让孩子逃避责任的习惯。孩子小的时候摔跤了，大人一般都会这样哄孩子："哎呀，这地真讨厌！""这树怎么这么讨厌，怎么长在这个地方呀，把我的宝宝碰着了。"

孩子摔倒了，地和树何罪之有？父母习惯于替孩子去辩护，去承担责任、大包大揽。

再看看有些孩子闯了祸的处理模式。父母把孩子叫过来，问："是你干的不是？"孩子说是。父母说："你怎么能这么做呢？快给人家说对不起，给人赔礼道歉。"然后父母就让孩子回家写作业。孩子回家学习了，写作业了，天大的麻烦与孩子没关系了。父母留下来赔礼呀，道歉呀，上医院呀，一切的一切都是父母的责任。

有些父母特能干，什么乱七八糟的事情都能扛着、忍着。但他们没有想过，父母越是包揽一切，孩子就越没有责任感，他认为很简单，错了说声"对不起"就没事了。以这样的心态待人处事显然是不行的。

孟子有段话特别耐人寻味：

"恻隐之心，人皆有之；羞恶之心，人皆有之；恭敬之心，人皆有之；是非之心，人皆有之。"

---

① 王玉香，杨克，吴立忠. 大中小学青少年劳动状况调研报告——基于全国 30 省份 29229 名学生的实证调查 [J]. 中国青年研究，2021（8）：41-49.

"恻隐之心，仁也；羞恶之心，义也；恭敬之心，礼也；是非之心，智也。"

孟子总结出的"仁、义、礼、智"，已经成了两千多年来传统文化所要求中国人的基本行为准则。

孩子对于"仁、义、礼、智"的学习和理解，需要融入日常生活之中。比如，日常家务对孩子就有着潜移默化的影响。

扬州大学在2014年对某中学初中生每天做家务时间的一项调查发现，初中生做家务劳动时间20~40分钟的居多，占73.6%，20分钟以下的占22.9%，40分钟以上的占3.5%。如此少的劳动体验是难以养成劳动习惯的。

事实证明，包括做家务在内的劳动教育，对人的成长有重要作用，劳动有助于人们养成勤奋、负责的习惯以及健全的人格。

养成爱干家务活的习惯，对孩子的人生是很有意义的。很多父母是企业家等管理者，他们通过努力奋斗、吃苦耐劳，获得成功之后，反而觉得"我们都吃苦了，不能再让孩子吃苦了，让他们过得舒服一点儿"。这种观念对孩子的发展非常不利。当孩子形成对父母的依赖，失去自我动手的机会时，往往也失去了成长的机会。

二、光有翅膀不一定会飞翔

专家们在对昆虫进行研究时发现了这样一个现象：蝴蝶在它破茧而出之前，会经历一个痛苦的过程，它用脑袋一次一次地去撞击那个出口，撞一次掉下来，再撞一次再掉下来。

经历痛苦和磨炼是许多生物在成长中的必然。非洲草原上有一种草叫尖毛草，它在生长初期几乎是草原上最矮的草，只有一寸高，孤独地看着其他野草疯长，草原上的任何一种野草长得都要比它旺盛。难道它不生长吗？不，它在"倒长"。在长达半年的时间里，它聚力于根部的生长，其根系最深可达28米，它在积蓄力量。当雨季来临，尖毛草便转换成长模式，疯狂地生长，一天可以长0.5米，三五天后便能够达到两到三米的高度。不久，尖毛草成为"草原之王"，高大、粗壮、郁郁葱葱。

每个孩子也是如此，如果父母害怕孩子吃苦受累，过多地包办孩子的一切，他成长的翅膀就很难有飞翔的力量，他的人生也就缺乏坚韧的根基，难以达到成功的高度。

三、一个人要对自己的行为负责

孩子长大的过程其实是远离父母的过程，很多父母都不舍得孩子离开自己的怀抱，也就难以剪断孩子情感依赖的脐带，导致许多孩子出现依赖性强、责任心差和抗挫折能力弱等问题，这也是中国"啃老"现象的原因之一。所以父母们培养孩子的独立自主能力非常重要，而负责的习惯是孩子能独立、自觉和主动地做事情的保证。

一位母亲的做法给我留下难忘的印象。她的女儿读小学的时候，需要自己带午餐到学校。有一天，女儿从学校打来电话，说她又忘记带午餐了，请妈妈赶快送来。这位母亲思考了一下，拒绝了女儿的求助。她说："妈妈有重要的工作在忙，无法走开。你自己造成的麻烦，自己想办法解决吧。"结果，当同学们纷纷享受午餐的时候，她的女儿却饿着肚子，幸好有老师分给她一点食品，才勉强熬过那个下午。从此之后，女儿很少再忘记带午餐到学校。

这位似乎有些狠心的妈妈，其实是一位智慧的母亲。孩子即使饿一顿也不会造成伤害，她拒绝女儿的请求，实际上是让女儿在深切体验中吸取教训，这就是"父母之爱子，则为之计深远"的做法。

孙云晓
生活感悟

1. 防疫期间停课不停学，学什么呢？我很赞赏北京育英学校于会祥校长给学生的建议："（在家里）先看看你能干的、你负责的家务活干了没有？如果爸爸妈妈还没有下班回家，我们同学就要先到厨房做饭。这就是我布置（学会做菜）作业的初衷。什么是习惯？什么是好的习惯？就是在什么时间做什么事。"于校长倡导学生对自己、对家庭、对社会承担责任。实际上，即使在家学习，许多家庭与学校依然忽视生活教育，而于校长建议之可贵在于补了这个短板。从长远发展来说，在家学习期间，孩子学会做家务和自我管理，远比单纯学文化知识更有价值，因为生活实践能力是人生幸福的重要支柱。

2. "能力不足，责任可补；责任不够，能力难补。"这是美国品德教育联合会主席麦克唐纳的名言。培养孩子负责任的习惯，首先需要体验责任的重要性。北京理工大学附小曾经购置了成套的机器人配件，上课前由学生分别管理零件，如丢失一个，大家拼命找。一年内，几十万个零件，丢失不到十个。

第六章 养成良好的运动习惯是儿童社会化的有效途径

"运动是儿童社会化的有效途径。"我赞成毛振明教授的这一观点,并希望父母与教师们深思。研究表明,小时候不爱运动的人,长大了也很难热爱运动,而不爱运动的人,生命质量自然会下降。

第一节　培养孩子成为体育人

1994年秋天，我去南京拜访了著名儿童教育家斯霞，她写了三句话赠我："德育不好是危险品，智育不好是疵品，体育不好是废品。"多少年过去了，这"三品"之说如警钟一般，一直在我耳边长鸣。令我深感忧虑的是，国家在改革开放中日新月异，而教育为什么总在源源不断地制造"废品"呢？

体育是强体之育，更是强心之育。体育不能只是局限在个人发展的某个阶段的活动，而应是贯穿人的一生的生活内容。作为新世纪生活方式的重要组成部分，体育应伴随人的一生。但在中国的现实是，很多父母重视孩子的营养，重视孩子的学习，却不够重视孩子的体育。为此，北师大体育运动学院院长毛振明教授的告诫值得我们谨记："体育是关系到一个人幸福生活一辈子的事情，一定要让运动成为终身的好习惯。"

当我在网上主持教育话题讨论时，常有网友问我的家教得失是什么？我坦言道："最大的失败是忽略了培养女儿的运动习惯。"

客观说来，我并不是一个运动型的人，除了游泳和散步以外，几乎没有什么体育爱好，更不具备运动特长。进入中年以后，为了健康，我坚持爬山和散步，并渐渐成为一种习惯。可是，当我每次约女儿登山，女儿都干脆地拒绝了，说："登山？多没劲呀！"

我回忆往事，发现在女儿幼年，虽送她进过游泳班，却未能坚持长久，而别的运动更是很少问津。久而久之，女儿与我一样，习惯了安静地读书写作，而不习惯运动。

每逢大考，如有体育项目，都成了女儿的难关。这时，她只好"急来抱佛脚"，拉我陪她练仰卧起坐、立定跳远和长跑。一次，她站在沙坑前，想着1.80米的距离，感叹说："天呀，这么远？鬼才能跳过去！"

其实，女儿有运动潜能，经过突击苦练，1.80米也跳过去了。但是，一旦通过考试，她便把运动置之脑后。

我注意到，一项研究成果认为，一个人如果在童年时期不爱运动，长大了就很难养成运动习惯，这对生命的质量显然会有不利的影响。我很惭愧，女儿未养成运动习惯，与父亲的失职有关，因为在孩子的体育方面，父亲负有特别重要的责任。我衷心希望广大父亲以我为戒，教育孩子从体育开始。据专家介绍，每周至少锻炼三次，每次锻炼不少于30分钟的人，才算得上体育人口。作为父亲应以身作则，并培养孩子成为体育人。

体育绝非头脑发达、四肢简单，而是强心强志之育。毛泽东在1917年写过一篇文章题为《体育之研究》，很深刻，他说："体者，载知识之车而寓道德之舍也。""无体是无德智也。"车都没有，你载什么知识，你载什么道德啊。所以毛泽东接着说："文明其精神，野蛮其体魄。"我们在采访毛振明教授时，他这样告诉我们：

> 人类的认知有三大类：一是概念认知。比如，水在化学老师那里叫H_2O，H_2O在哪里？谁也无法用肉眼看出来。很多学科就是用概念的方式来解释和认识世界的。第二种叫感官认知。孩子了解什么是"红色""蓝色"，什么样的音乐"舒缓""动听"，都是靠敏锐的感官去体会的。在体育中，我们有和以上两类完全不同的认知，这就是第三类认知，即运动认知。比如，教练说"出手要快""用力点"，到底要快到什么程度呢？很难确切地解释，只有经常训练的运动员才有体会。还比如，运动员离得很远就能将球投进篮筐，而且他一出手就能知道球是否能够进去。这就是运动员的身体认知。怎样理解"四肢发达，头脑简单"的说法呢？其实，运动员的头脑不简单，只是文化课学得少了。参加体育训练后，运动员会特别累，第二天还

要接着训练，很难再有精力学更多的文化课了。有人质疑"刘翔到底有没有文化"，我想，要是有那么多一般意义上的文化知识，他就不是刘翔了，也不可能拿冠军了。人们要刘翔拿体育冠军，就不要拿文化的标准来衡量他，每个人的才能是不同的。傻子是当不了运动员的，更当不了冠军。

有一位妈妈带女儿进健身房的勇气是值得我们赞许的。

这位妈妈的女儿叫小娜，现在的她经常作为学校联欢会上的主要表演者为大家表演健美操，浑身上下都充满了活力与自信。

小娜不会忘记自己在14岁的时候，第一次跟妈妈走进健身房时，那种不自然、害怕自己被人笑话的感觉。小娜从小体质就弱，用妈妈的话说是"吃药长大的"，一到冬天感冒就没完没了。请假休息吧，耽误功课；不休息，也是什么都学不进去。后来妈妈鼓励小娜到健身房练习健美操。妈妈听教练说过，健美操是一种有氧运动，能锻炼人的心肺功能，提高人体免疫力；通过训练，妈妈自己也感到，健美操还是一种特别适合培养良好体态的运动。所以，妈妈决定给小娜办一张健身卡，每星期至少带她来练一两次。

刚开始练习时，小娜由于长时间没有这么大的运动量，浑身上下每一块肌肉都是疼的。她很想放弃，但妈妈鼓励她说："这是正常现象，很快就会过去了。我都坚持下来了，你还不行吗？"在妈妈的帮助下，小娜终于坚持了下去。久而久之，小娜竟然发现，每次跳完健美操，身体都特别畅快，再学习时也有精神了。令妈妈感到欣慰的是，小娜已经不再像以前一样经常感冒，体质增强多了。

在孩子成长的过程中，明智的父母无不把体育放在首位。伟大的思想家鲁迅先生就是这样做的。他认为："野牛成为家牛，野猪成为猪，狼成为狗，野性是消失了，但只足使牧人喜欢，于本身并无好处。"说到人，鲁迅说："我以为还不如带些兽性。"鲁迅唯一的儿子海婴"健康、活泼、顽皮，丝毫没有被压迫得瘪头瘪脑"。可以说，鲁迅教育其子亦遵循"先兽其身，后养人心"的规律。

在孩子成长的过程中,体育应该是一切教育的前提,是一切教育的基础。父母如何重视孩子的体育锻炼,选择适合孩子的运动方式?

我的建议是:

1. 如果您发现孩子不太合群,不习惯和同伴交往,您可以建议孩子选择足球、篮球、排球以及接力跑等集体项目进行锻炼。这些活动可以帮助孩子逐步改变孤僻的习性,适应周围的群体交往。

2. 如果您发现孩子有些胆小、做事怕风险、容易害羞,就可以建议孩子选择一些具有挑战性的项目进行锻炼,如游泳、轮滑、拳击、摔跤、单双杠、跳马、跳箱、平衡木等活动。这些活动大多要求人不断克服害羞、胆小等心理障碍,战胜困难。

3. 如果您发现孩子经常犹豫不决、优柔寡断,那么就经常带孩子参加一些例如乒乓球、羽毛球、网球、拳击、跨栏、跳远、跳高、击剑等活动,这些项目的活动,对于锻炼人的果断性具有很大作用。

4. 如果您发现孩子性情急躁、爱冲动,最好能多带孩子参加下棋、打太极拳、慢骑自行车、射击等需要考验控制力的活动,这些活动有益于人稳定情绪。

5. 如果您发现孩子的自信心不够强,可以带孩子参加一些如跳绳、俯卧撑、做广播体操等活动。坚持锻炼一段时间后,您可能会发现,孩子的自信心得到了增强。

6. 如果您发现孩子做事不能正常发挥、容易紧张:就多带孩子参加一些公开的、激烈的体育比赛,锻炼孩子冷静沉着应对比赛的能力。

7. 如果您发觉孩子好逞强、爱自负,可以选择一些难度较大、动作较复杂的技巧,如跳水、体操、马拉松等项目,也可以给孩子找几个对手,让孩子懂得"天外有天"的道理。

孙云晓 生活感悟

1. 哈佛大学医学院副教授约翰·瑞迪提出"运动改造大脑"。我问他:"把体育成绩作为升学考试标准之一,是否有利于青少年养成运动习惯?"他说美国青少年热爱运动与升学考试没有关系,而是因为童年就养成了运动习惯。但是,哈佛的学生如果游泳游不到1.6公里,是不能毕业的。终身运动,终身受益。

2. 带孩子看世界杯吧,火热的足球比赛可以给人带来积极而丰富的启示。体育运动绝不仅仅是身体的运动,世界杯极为深刻地告诉我们,生命的张扬、团队的合作、规则的遵守、意志的顽强、荣誉的珍惜,这才是运动的灵魂。人们之所以热爱运动,是因为运动可以健身,可以健脑,可以健全人格。

第二节　儿童教育应特别重视体育

在人类文明历史上，体育一直有着举足轻重的地位。伟大的古希腊哲学家亚里士多德就认为，儿童的身体训练要在智力训练之前，即体、德、智这么一个顺序。

有些父母开始运用亚里士多德的方法，即家庭教育从培养孩子运动习惯入手。康健先生的做法值得借鉴。

康健是北京大学教授，曾担任北大附中校长，他的儿子康康出生时，体重只有5.2斤，令父母有些失望。于是，康健决定实践他独特的"健康第一、体育为主"的家教方针。

之所以把体育作为头等大事，康健说："原因有两个，一是我的父母是医务工作者，他们认为健康是一切的基础，所以给我起名叫康健，反过来就是健康。在父母的熏陶下，我从小就养成了良好的卫生习惯，并热衷于户外活动。二是我很早就读过洛克的《教育漫话》，他在教育中突出的特点是关注人的健康。我印象最深刻的是那个时代的人都意识到，无论做什么工作，最重要的是良好的身体素质。"

从儿子刚会走路到初中毕业的十几年里，康健每天都带儿子进行至少一小时的体育锻炼，从未间断。当儿子的运动与课外班发生矛盾时，康健依然认为，还是体育最重要。他说，提早为孩子在智力上做选择，也就是学习琴棋书画等特长并不明智，应让孩子长大后自己选择。

康康上小学高年级时，快放寒假了，学校里有两个训练班要活动，一个是专业足球班，另一个是数学奥校班，康康只能选择一个。康康喜欢数学，也很喜欢足球，但他没有勇气到足球班去，因为足球训练强度很大，而且要住宿。这时父母的态度就很重要。康健知道孩子在体力方面不如别人，但他想让孩子经受一下磨炼，知道普通人和专业运动员的差别。于是，康健鼓励孩子上了足球班。那个假期至今令康康难忘，因为那是他经历的最艰苦的日子，每天从早到晚都在进行高强度的训练。从那以后，康康觉得自己比以前更勇敢了。

康健发现，长期体育锻炼对康康的智力发展大有好处。虽然康康用在学习上的时间少于别人，学习成绩却总是名列前茅，原因在于精力旺盛，听课专心，作业完成速度快。即使偶尔失利，也充满自信。高三毕业，身高1.8米的康康成为清华大学物理系的学生。他兴趣广泛，体格健壮，状态良好。后来，康康担任过中央电视台体育频道的主持人。

如果我们的父母都像康老师那样，心态平和，教子有方；如果我们的社会更重视体育，让孩子们能享受积极健康的运动乐趣，孩子们一定更强悍，也更快乐。

我们是不是要好好反省呢？在今天这个时代，我们的体育被冷落了，特别在中小学，体育没有得到应有的重视，为什么呢？因为体育在考试中不处于重要位置。无论父母、老师，大家都只忙一些与考试关系密切的学科，都忙于让孩子考高分数，体育总被忽略。再加上现在的生活条件越来越好，很多人越来越安逸，越来越少锻炼，更别提什么野外活动了。

在家庭中，父母如何培养孩子的运动习惯，我的建议是：

1. 和孩子一起观看体育比赛。每一位老师、每一位父母都要把加强体育锻炼作为一件大事情来考虑。3~12岁是人形成良好习惯的关键期，这个时候，孩子在生理上处于生长发育和素质发展的敏感期，可塑性大，所以正是养成自觉锻炼身体习惯的最佳机会。老师、父母可以通过和孩子一起观看体育比赛，如奥运会、亚运会、世界杯足球赛等，用生动形象的方法培养孩子对体育的兴趣，并教给孩子相关的竞技规则。

2. 教孩子几种球类活动。如乒乓球、篮球、排球、足球、羽毛球等大众球类运动，不仅增强孩子的运动技能，而且也在运动中培养了他的规则意识、团结合作精神。让孩子在球类运动中懂得：任何运动都需要艰苦的训练，也需要团队合作，才能取胜。如果父母在球类运动上没有令人骄傲的技艺，那就让孩子参加一些运动训练班，千万不要禁止孩子参加运动。

3. 不要给孩子压力。让孩子自由地运动，主要是激发孩子的运动兴趣，促使孩子养成良好的运动习惯，养成健康的生活方式、良好的卫生习惯以及健康的体魄。只要孩子敢于参与，就是值得鼓励与肯定的，父母不要太在意孩子在运动中或者比赛中的名次，过分要求孩子获得荣誉，"争面子"，这样会加重孩子的心理压力，还可能使孩子厌恶体育、逃避运动。

> **孙云晓**
> **生活感悟**
>
> 1. 人对奖赏越有强烈的渴望，就越有可能养成习惯，而最佳的奖赏是自我奖赏。美国新墨西哥州立大学的研究人员发现，92%的运动者是因为"感觉很好"而养成运动习惯，他们渴求运动时会产生内啡肽和其他神经化学物质；还有67%的运动者是因为很有"成就感"。养成习惯需要成功的体验。
>
> 2. 各国最重要的竞争是教育。当我们极力推崇信息化和知识化教育的时候，切不可忽视体育对强健青少年身心至关重要的作用。英国伊顿公学校长对北京大学康健教授坦言："你们中国的青少年迷恋网络，我们就不怕你们，因为我们的学生爱运动。"显然，"运动第一"应当成为基础教育的基本原则。北京第二实验小学校长芦咏莉说："体育是第一学科。"清华附小校长窦桂梅则说："运动是看得见的德育。"这些深切的感悟都是真知灼见。

第三节 解放学校才能解放孩子

2000年8月,应北京月坛中学的邀请,我和该校一批中学生(包括我的女儿,兼做我的翻译)赴日本参加夏令营和民宿等活动。在长野的黑姬山,我和女儿等7名中学生参加了登山探险活动。

当我刚报名时,有一位日本人劝我:"哎呀,孙先生,别去了,太辛苦了。"我说:"没事,你看你们这招生启事上写着小学五年级以上小学生都可以报名,我还有问题吗?我经常登山的,没问题。"但是出发后,我才知道什么是日本的登山活动。

早上五点钟出发,一直爬到晚上七点钟回来,整整14个小时啊!走的时候,一个人发两个饭盒,一个早餐,一个午餐,自己带水。我想:哎,就装个样子吧,到了山上找个饭店吃饭,到那儿再去弄水。一上路才知道,整座山上没有一座房子,饭店当然是没有了,而且连路都没有,整座山是个荒山,经常要四肢着地,抓着前面裸露着的树根往前走。

走了3个小时,一口干粮也没得吃,我饿得肚子咕咕叫,就盼着吃早餐。终于盼到吃早餐了,中国孩子就大口大口地喝水、吃饭。但是我发现,日本孩子有登山的经验,不到目的地,水就不能喝光,他们知道,只要有水,就能坚持。他们带的壶比中国孩子带的大,慢慢地喝。中国的孩子咕咕噜噜地喝,结果只走了一半的路,水基本上都喝光了。他们互相依赖惯了,觉得没关系,我们都是集体主义,我的水喝光了喝他的,他的水喝光了喝我的。确实中国孩子很团结,中国孩子这一点跟日本孩子不一样,互相帮助。日本孩子很少喝别人的水,他一般也不给别人喝。日本孩子各顾各,摔倒了,没人扶,他一定是自己爬起来的。他们的观点是不给别人添麻烦,我倒了自己爬起来,而且人家摔倒了也不愿意你去扶。

中国孩子登山是很辛苦的,也很顽强,但是走着走着还是不行,被日本孩子远远地甩到后面去了。日方领队一看不行,这样的话就成了两个队伍了，就让队伍停下来，让中国孩子走在前面，日本孩子走在后面。中国孩子彼此打气，咬牙坚持，但整个队伍返回营地的时间仍比原计划延长了两个小时，本来五点钟该回来吃饭了，结果七点钟才艰难返回。

中国孩子的优点之一是团结互助。男孩子带着女孩子，你拉着我，我拉着你，而且很乐观，走得很开心，逗来逗去的。虽然累极了，却接连唱歌，从流行歌曲唱到革命歌曲。但是日本人不说笑，就低着头走，保持体力。

我这个人爬山是比较多的，在爬这个黑姬山的时候，我还是摔了12跤。有一次爬上一块岩石，下雨石头滑，站起来站不稳，脚一滑，一头就扎下去了，"砰"的一脑袋撞到大树的根部，撞得我头昏眼花。起来一看，真是好悬啊，很多大树的根部都有不少裸露在外的根，你要撞上，命就别要了，你说多危险。有一次踩空了，往山下滚，亏得我抓那个树根抓得很牢，挣扎了好半天才爬起来。

大家想想看，就这么一个登山探险，爬14小时的山，你们谁敢组织孩子去？哪一个学校敢带孩子去？如果组织这样的探险活动，要带上多少个老师？带上几个医务人员？你们敢不敢相信，我们这支30多人的队伍，一个带队教师也没有，就两个大学生志愿者带队，一个打头，一个守尾，而且一个医务人员也没有，就是大学生带着一些包扎外伤的药品。那路上真是险象环生，我只是摔跤，还没有大问题，日本一位女营员在山上骨折，领队的大学生请示总部："我们这里有人骨折。"总部说："好，我们会派人上去救援你们。"大概是4个小时以后，总部派人用担架抬着这位女营员下山了。还有一个日本的男孩被一只蜂蜇了一下，脑袋肿得像个篮球一样大。

真庆幸，我和7个中国中学生还没有出现很大的险情，但是累惨了。特别是我的女儿，她走了3个小时后跟我说："老爸，我走不动了，一点都走不动了，我不走了。"我说："你不走了不行啊，这个队伍现在走过去就不回来了，你知道吗？我们是从这边上去，那边回去，不从原路回去，你只能忍一下吧。"

中国的孩子平时不注意锻炼，谁受得了啊。于是我拿着一根树枝，拖着女儿走。后来，我在山上发现，只要孩子跟父母在一块，她就有依赖。我想明白了，就和女儿分开走，让她和她的同学走，她走她的，我走我的。哎，这个办法好，孩子跟孩子在一块，相互地支持啊，你不能依靠别人。

下山之后，我约请日本的老师开座谈会。我说："这么危险的活动，你们怎么敢组织呢？"日本老师一愣，说："不危险。"我说："怎么不危险，我都摔了12跤，我还不知道有没有危险啊？万一出了什么事怎么办？"谁知日本老师说："出了事自己负责啊。出了事是个人给集体添麻烦，一定要自己负责。"

后来我知道，日本的父母普遍支持孩子去登山探险，出了事很少有人去告状，很少去打官司，即使要打官司，也可以，学校不用管。日本教育部门专门有一个日本青少年健康促进会，国家拨意外伤害保险费，由这个机构去负责，学校没有什么大的责任。[①] 我在那一刻感到，两国在教育上最根本的差异是国民共识与法律保障的不同。中国学生一出事，就习惯于把学校告上法庭。深圳有一个学校，一个孩子上音乐课跑得快了一点，摔倒了，脾脏破裂，向学校索赔326万！你们说这公办学校哪拿得出这么多的钱？所以说，解放中国的学校才能解放中国的孩子。

解放中国的学校并不容易。在我看来，首先要解放我们的老师、父母。当然，要把未成年人的安全视为头等大事，但也不宜因为怕出事而不敢组织野外活动，那是对下一代不负责任的表现。作为父母要理解学校老师，不能让教育孩子的责任完全由学校老师承担，父母要承担起父母的责任来。

如何承担起教育孩子的责任，我的建议是：

1. 放手锻炼孩子。凡是学校组织的野外活动，既要引导孩子注意安全，

[①] 2010年8月，我访问东京荒川区教委时，专门问及中小学生的意外伤害保险。他们经过核对后回答，该区一万名中小学生，每人每年意外伤害保险费945日元，均由区财政统一支付。学生如有意外伤害，可从保险公司获得1000万日元（当时相当于70万元人民币）以上的赔偿金。

更要积极支持孩子参加，即使发生了意外伤害，也不改变勇于锻炼的态度，可以找保险公司寻求赔偿，并主动承担父母的责任。这样做是具有远见的，因为孩子经风雨才能长大成人。

2. 周末和孩子一块爬山。最简单、最经济的锻炼方法是爬山，父母可以在周末或假日与孩子一起登山。可以先教孩子一些有关登山探险的安全常识，如让孩子自己准备登山必备的东西。久而久之，可以培养孩子的独立能力。

3. 设计一项家庭的共同运动。就如家庭教育需要重视家风、家规一样，家庭体育运动也应该确立一项有"特色"的运动，每个家庭成员都能参与，大家能一起竞技，譬如打乒乓球、篮球等，这一"共性"有利于形成家庭运动习惯及和谐的家庭氛围。

孙云晓
生活感悟

1. 把体育作为副科是不利于青少年健康成长的，必须尽快改变。运动第一，学习第二，这是伊顿公学等许多英国学校的办学宗旨。所谓运动第一，实质是健全人格为先。被毛泽东主席赞为"中国最健康的人"的马约翰教授认为，体育是健全人格最好的工具。

2. 为了健康成长，中小学生每天运动一小时是必不可少的。但是，党中央和国务院号召多次也难以完全实现，因为有以升学考试为中心的强大惯性与之对抗。我呼吁国家采取强制性的干预措施，要求全国中小学每天必须开设两节体育课（包括课外体育活动），违者严格追究责任。这是保护民族未来的关键性措施之一。

第四节　多运动的孩子更安全

> 德国《给儿童更多安全》报告指出，在德国，每年有180万儿童出现事故，但是发生事故的大多数是那些不经常运动的儿童。

《少年儿童研究》杂志有一篇文章介绍了一对6岁的双胞胎兄弟，一个叫双双，一个叫对对，他们在游泳池里是两种表现：一个套在救生圈里，还胆怯地离不开父母；另一个却像一条鱼一样，在池中钻来钻去。原来这两个兄弟出生后不久，妈妈即赴美留学，带走了双双，而把对对留给了奶奶抚养。

奶奶带大的对对，受到的是百般呵护的照顾，连托儿所、幼儿园都没去过，始终在家里受到悉心的照料。可是受到如此照顾的孩子，却经常受伤。对对3岁时一次不小心摔倒，摔成了右腕桡骨骨折，5岁时骑四轮童车摔倒，发生了脑震荡。而那个在水里游来游去的双双，跟着妈妈在美国长大，则是吃了不少苦。从小就在一个黑人家里办的家庭托儿所长大，跟几个黑人孩子在一起爬，不到两岁就扔到水里学游泳。没想到的是，相比较之下，双双比对对能耐多了，他不光游泳好，能骑两轮自行车，还会蹬滑板和滑旱冰，而这些运动，对对是一样也不行的。

这让我不禁想到，越淘气的孩子越不出事，越安全；越是过度保护的孩子，反倒容易发生意外，更不安全。

而这一个简单的道理，有些父母并不明白。他们总是想方设法地不让孩子多做运动，理由仅仅是担心孩子的安全。

其实，父母越是担心孩子安全，可能结果越不安全。德国有一份重要报告《给儿童更多安全》，报告指出，在德国每年有180万儿童出现事故，但是发生事故的大多数是那些不经常运动的儿童。因为经常不运动的儿童，缺少经验、力量和技巧,而这些正是日常生活中进行最基本的运动不可少的能力。如果缺少的话,一碰到意外情况,当然就容易受伤。

我的女儿孙冉在她的《成长悟语》一书(华艺出版社,2001年3月出版)中提到,中国学生比日本学生学习刻苦,但在体育锻炼方面,的确远远逊色于日本学生。

她写道:

一个明显的事实是,日本孩子的体育锻炼非常多,体质也好于中国孩子。日本的学校从初中到高中都有强制性参加的课外活动,其中有众多体育项目的运动部,还有家政部、音乐部、英语部等。参加运动部的学生,一天的运动量极大,而且假期里也有集训。就连小学生,假期里也要每天早起到学校做运动,所以日本孩子的体育锻炼机会是非常多的。而我们呢,就拿我所在的北京地区许多中学来说,一周只有两节体育课,而且体育课上真正在运动的时间很少,课外的运动时间几乎接近零,这就造成了中国孩子的体质不断落后于日本孩子。

我的好多同学在学校里都和日本的学生打过球赛,据他们说,自己的体力根本无法和日本学生比,冲撞起来也不是他们的对手。我还有一位在日本上过四年学的同学说:"日本学校里的体育训练似铁人集训,但真的练就了一副好体格。"我的研究报告也说明了这一点,运动时间两小时以上对比:日本21.3%,中国6.3%;三小时以上对比:日本21.3%,中国仅为1.3%。

孙冉在调查中还发现,日本学校为了养成学生爱运动的习惯,对假期早晨到学校做操的学生签到盖章。这样,全勤的学生能得到各种奖励,如食品、图书等(在全日本书店通用),极大地激发了学生们参加运动的热情。结果,61.1%的日本学生养成了运动习惯。

孙冉惊叹:

众多的体育锻炼机会使得日本学生的运动时间远远超过中国学生!

其实,天下的青少年谁不喜欢体育运动? 1998年,中国青少年研究中心与北京师范大学教育系做的一项全国调查显示,小学生第一喜欢的课就是体育,占20.1%,其次为语文15.4%、外语14.4%、电脑13.5%。在初中学生喜欢的课目中,体育排在第三位,占11.1%;第一位是数学19.7%;第二位是外语17.8%。

中小学生喜欢体育与他们天性好动有关。可是在中国,有多少教师与父母会认为体育特别重要呢?因为沉重的现实教训了大家,决定孩子命运的可能是语数外,而不是体育。否则,为什么某年高考体检完全合格率只有15%呢?

或许会有人以升学与前途为理由来辩解。可是,一个影响生长发育也包括摧残智力的罪恶怪圈,值得拥有五千年文明的民族往里钻吗?真正有爱心的父母与教师,怎么会为功名而牺牲孩子的安全、健康呢?我的建议是:

不要盲目心疼孩子。许多父母总想着把孩子包裹得严严实实的,惟恐孩子摔了、碰了、哭了,动不动就命令孩子:"别乱跑,不心点!"其实孩子天性是好动的,孩子的健康成长也离不开运动。父母不要因为担心孩子出事而不让孩子多运动,相反,父母应当从小带孩子摸爬滚打,积极参与适合的运动。

2. 为孩子报班要先征求孩子的意见。有的父母也想在周末或假日让孩子参加一些体育训练班,增强孩子的体质,这样的出发点是好的,但是必须先了解孩子的想法,征询孩子的意见。如果孩子不喜欢、不同意的话,父母要尊重孩子的选择。有些父母是先帮孩子报了班,回头再告诉孩子,孩子不愿意去,父母就说:"已经交了钱,怎么办呢?"这是一种"威胁",会让孩子无法真正体会到运动的乐趣,可能带来的后果是让孩子更加讨厌运动。

3. 和孩子一起制订一个运动计划。良好的运动习惯需要长期的努力与坚持，不是一时兴起就可以达到的。父母应该和孩子拟订一份明确的运动计划，互相督促、互相帮助，使家庭形成一种崇尚体育运动的氛围。

《中国青年报》2010年3月30日报道：国民体质监测显示，我国青少年体能连续10年整体下降。2005年与1995年相比，学生的柔韧性、爆发力、肌力、耐力、肺活量均呈下降趋势。其中，体能素质中的速度素质、力量素质已连续10年下降，耐力素质已连续20年下降。2005年学生肥胖率检出比2000年增长近50%，城市男学生1/4为胖墩儿。

2021年7月，在国家卫生健康委新闻发布会上，中国疾控中心营养学首席专家赵文华指出，我国6~17岁的儿童青少年超重肥胖率近20%，6岁以下的儿童超重肥胖率超过10%。"要引起我们注意的是，6岁以下超重肥胖的问题，特别是肥胖，农村超过了城市。" ①

2010年5月，中国青少年研究中心实施了"第二代独生子女饮食状况研究"。调查发现，九成多独二代父母不熟悉中国居民平衡膳食宝塔，超过半数独二代父母对孩子体重评价存在严重偏差，肥胖幼儿更多被认为体质好。两成多幼儿体重偏轻（9.7%）或肥胖（13.8%），肥胖父母的孩子肥胖率更高，主要由祖辈照顾的孩子肥胖率高于独二代父母照顾的孩子，消瘦幼儿更挑食。

另外，调查结果表明，越是隔代抚养的孩子，肥胖率越高。在肥胖组中，主要由祖父母或外祖父母决定饮食的占37%，主要由祖父母或外祖独父母照顾吃饭的占37.4%，其数据均高于消瘦组和正常组的孩子。究其原因，可能是祖父母心疼孩子，给小孩提供的食物过多。这与其他国家的研究结果是相吻合的。过于肥胖不仅危害孩子的生理健康，而且会对学习能力产生不良影响，甚至会带来心理问题。因此，祖辈错误的饮食观念亟需转变。

这些发现说明了什么问题？

---

① 我国6—17岁的儿童青少年超重肥胖率近20%，养成良好生活习惯不做"小胖墩"[EB/OL].（2021-07-13）[2022-10-13]. https://edu.youth.cn/wzlb/202107/t20210713_13093777.htm.

当前，儿童肥胖已经成为困扰学校、家庭的难题之一。

但在现实中，不少父母并没有意识到肥胖带来的危害，甚至认为肥胖没有什么大不了的。事实上，肥胖孩子的动作一般比较迟缓、不协调，走、跳、跑动作发展都受到阻碍。由于肥胖儿童的动作得不到完善发展，会直接影响他们的智力发育。一般来说，动作和活动的训练可以直接促进儿童的智力发展，同时智力水平的高低又必然反映在动作的灵活性等方面。

另外，肥胖也影响孩子的人格发展。因为肥胖的体形不美观，笨重的身体不灵便。当肥胖的孩子在和同伴一起活动时，往往因笨重而受到其他孩子的嘲笑，进而产生不良情绪，以致形成自卑、孤僻等不良人格。

2003年10月召开的"全国学校食品卫生与营养工作现场会"上，教育专案呼吁社会和父母高度重视儿童的营养问题，不要让肥胖成为儿童健康的新杀手！

当然，肥胖的原因还在于孩子已经养成的不良的饮食习惯，如不爱喝水，爱喝甜饮料、果汁；爱吃肉，不爱吃蔬菜；爱吃洋快餐，不爱吃粗粮。很多父母都以为营养知识是营养学家的事，内容繁多而高深，但是合格的父母应该掌握一定的营养学知识，才能对孩子进行合理营养和健康饮食的引导。要知道，吃是为了健康，健康饮食是家庭的一件大事，而不是难事！

我们在调查中还发现，近两成幼儿经常吃洋快餐，一成多独二代父母每周带孩子吃至少一次洋快餐；六成幼儿没有养成良好的饮食习惯，口味偏咸，偏爱甜食，喜欢油炸食品、方便食品等不健康饮食偏好广泛存在；四成多幼儿经常吃零食，其中肥胖幼儿吃"垃圾食品"更多。

可见，孩子的健康问题根源还是父母和祖辈的教养方式不当，平时没有注重让孩子养成良好的饮食习惯。

父母有责任保证孩子的健康权，让孩子过上健康的生活。作为父母，要重新审视儿童的健康，要从睡眠、饮食、运动等方面排除不利于儿童健康的因素，让孩子养成良好的饮食习惯和良好的运动习惯。这才是儿童教育要达到的目标。

让孩子享受到食物、运动所带来的营养和乐趣，为终生的健康打下基础，我的建议是：

1. 经常运动是最好的保健品。有些父母为了孩子学习成绩能够提高，给孩子买保健品、营养品，反而把身体锻炼排斥在对孩子的培养计划之外。还有一些父母意识到了儿童肥胖的危害，试图把成年人的减肥方法用在孩子身上，也给孩子买一些减肥药物。其实，父母不妨把购买保健品、药品的花费用在孩子的运动上。比如买副羽毛球拍，买个游泳卡，假期可以带孩子去旅行，让孩子亲临现场，感受体育比赛的魅力等等。总之，运动健身对孩子所产生的积极作用是任何营养产品都替代不了的。

2. 父母与孩子一起运动。引导孩子养成运动的习惯，父母的榜样作用很重要。父母不能只是要求孩子运动，而自己不运动，应该跟孩子一块去锻炼，这样可以在孩子遇到困难时加以鼓励，让孩子能坚持下去。

3. 鼓励孩子与同伴一起运动。许多运动项目都是团体活动，建议孩子和其他同伴一块运动。让孩子和同伴一起玩耍和运动，可以培养孩子之间纯真美好的友谊。运动场上，有合作，有竞争，有冲突，有协商，同伴间的相互学习与相互激励对孩子益处更多。

4. 运动目标不要过高。刚开始运动时，切忌把目标定得过高。万事开头难，针对肥胖的孩子，最好要请教一些专家，为孩子制订一个适合他特点的运动方案，可以从最容易接受的项目开始，如步行、慢跑、跳绳、登楼梯等等，不能操之过急。

5. 注意饮食。调查表明，许多孩子有挑食的表现，如喜欢吃的东西除了鱼就是肉，只爱喝各种含糖的饮料，不爱吃蔬菜。在儿童饮食方面出现了这么大的问题，成年人有没有责任？父母应该及时了解给孩子吃什么东西才是真正有营养的，什么样的膳食能保证营养的均衡。

请记住北京安贞医院干部保健科原主任洪昭光教授的忠告，他把科学的合理膳食总结为两句话，第一句话叫作"一二三四五"，第二句话叫作"红黄绿白黑"。

"一二三四五"：一是每天喝一袋牛奶。二是 250~350 克碳水化合物，相当于 300~400 克主食。三是三份高蛋白。一份蛋白就是 100 克瘦肉或者一个鸡蛋，或者 100 克豆腐，或者 100 克鱼虾，或者 3 两鸡和鸭，或者半两黄豆。四是粗细粮搭配，吃七八分饱。若要身体安，三分饥和寒。五就是 500 克蔬菜和水果。

"红黄绿白黑"：红是一天一个西红柿。黄是黄色蔬菜。红黄色的蔬菜含维生素 A 多，如胡萝卜、红薯、老玉米等。绿是绿茶。白是燕麦粉、燕麦片。黑是黑木耳。

父母都希望全家人，尤其是孩子能够健康成长的，如果能够参照洪昭光教授的忠告，从自己孩子的实际出发，培养真正让孩子终身受益的良好饮食习惯，是完全可能的。

孙云晓 生活感悟

1. 体育不仅是健身之本，也是快乐之源。我的手机里一直保存着谢军的短信，不完全因为她是国际象棋大师，而是喜欢她智慧的诗："来去随客意，首福自由心。体健日月喜，玩中最见真。"我的理解：人生第一幸福是自由，运动中最能焕发出天性和快乐。好一个谢军，悟出了生活与体育的真谛。

2. 运动是青少年社会化的有效途径，但要选择适合的运动项目。例如美国学校的橄榄球运动首先要进行"自杀式"魔鬼训练。某中学俱乐部要求每个队员都必须上场多少次，否则就判罚输掉一场球，比赛不到最后一秒难分输赢，激励队员拼搏到底。由此看来，青少年更适合参加团队运动。

第七章 培养良好习惯要遵循科学的原则

孩子养成好习惯是孩子自己的事情，父母或教师不可越俎代庖，也不可靠命令行事。只有孩子真正成为自己的主人，愿意接受父母或教师的指导帮助，才能克服重重困难，实现美好的目标。

第一节　培养良好习惯首先要尊重儿童权利

在孩子养成习惯的过程中，最常见也最可怕的就是成年人的为所欲为，因为剥夺儿童自主性就不是教育，而是奴役。

有人可能不理解或者不服气："小孩子懂什么呀？大人不替他决定做什么，他怎么知道什么是好，什么是坏？"的确，孩子幼小的时候，许多行为离不开大人的规范和指导，但这恰恰需要尊重儿童的主体地位。

举个最常见的例子或许容易说明问题。例如，父母是鼓励孩子自己吃饭，还是经常给孩子喂饭？这是一个极为重要的习惯培养内容。其实，婴儿在一岁的时候，就开始逐步具备自己吃饭的能力和要求。我多次观察小外孙一岁时如何吃饭，发现他特别愿意自己拿着食品吃，第一次吃饺子用手抓着吃，兴奋得满脸发光。快两岁时，他更是愿意自己拿勺子吃米饭、面条和菜，还要求自己喝汤。大人在一边辅助即可，尽量让他自己吃。当然，婴儿刚刚开始自己吃饭的时候，可能会很吃力，哆哆嗦嗦或者东摇西晃，饭菜不容易放进自己的嘴里。这不正是一个学习和成长的过程吗？父母如果理解和尊重孩子的内心需要，就可能会耐心支持孩子练习自己吃饭。当孩子渐渐学会自己吃饭并且养成习惯，就会体验到一种快乐，就会产生一种自信心，这对其一生的发展意义重大。与此相反，如果父母不相信孩子的潜能，完全拒绝孩子自己吃饭的要求，强行坚持给孩子喂饭，甚至喂到五六岁，这就是剥夺儿童的权利。剥夺儿童的权利是一种软暴力，是对儿童幼小心灵的摧残，等于用强力告诉孩子："你不行！你只能老老实实接受大人的安排！"

由此可见，儿童年龄越小，父母越需要理解儿童，而这种理解是培养习惯的基础。从一岁可以学习自己吃饭推而广之，孩子有多少事情是可以自己做的，却又有多少机会被剥夺，被一遍遍地告知："你还小，你不行。"实际上，儿童时代不仅有巨大的潜力，也是学习掌握各种生活技能的最佳时期，如果能够得到适当的理解和支持，许多良好习惯会在不知不觉之中逐渐养成。

是否尊重儿童的主体地位，在中小学阶段会凸显出来，这与少年儿童自主意识越来越强密切相关。按照联合国的《儿童权利公约》和《中华人民共和国未成年人保护法》的规定，18岁以下的儿童（或叫未成年人），他们拥有生存权、发展权、受保护权、参与权等基本权利。何为参与权？即一切与儿童有关的事情，都应该听取儿童的意见，特别要吸纳其中合理的意见。

孩子养成好习惯是孩子自己的事情，父母或教师不可越俎代庖，也不可靠命令行事。只有孩子真正成为自己的主人，愿意接受父母或教师的指导帮助，才能克服重重困难，实现美好的目标。

一、道高一尺，魔高一丈

我的一位老朋友是做过30多年老师的母亲，在谈起儿子的时候，一直为自己的一次错误行为追悔莫及。

一天，她发现儿子在自己的屋子里走来走去，非常替孩子着急。她暗暗祈祷：儿子啊，你可要有点儿出息，别为早恋这么点儿事想不开！

一会儿，儿子出门了，妈妈再也按捺不住急切的心情，第一次打开了儿子的抽屉，取出了儿子的日记。

可是，当她翻开日记时，手却像被烫了一样。原来，儿子在日记本中夹了一张纸条，上面写着："妈妈，我料定您会来偷看我的日记，我瞧不起您！我的烦恼是我自己的事情，您不必管我，我能挺过这一关！"

这位母亲事后感慨地说："道高一尺，魔高一丈。我低估了孩子的能力，还是应该尊重孩子啊！"

在现实生活中，常常会听到一些父母或教师侵犯孩子权利的事情。有的父母不允许孩子交自己不喜欢的朋友；有的父母私拆孩子的信件，偷听孩子的电话；还有的教师让自己喜欢的学生坐在教室的中间部位，让不喜欢的学生坐在教室两边；也有的教师只让他眼中的"好学生"在课堂上发言。这些行为都是侵犯儿童权利的。

二、孩子一出生就是一个权利的主体

按照联合国《儿童权利公约》的规定，儿童是指18周岁以下的任何人。《中华人民共和国未成年人保护法》与之类似，未成年人是指18周岁以下的任何人。从法律的角度来看，未成年人与儿童是一个概念，儿童的权利就是未成年人的权利。

我们说要尊重儿童的权利，是因为孩子一出生就是一个独立的个体，并且是一个权利的主体。他们不是父母的附属物，他们的人格尊严受到国际、国家和地方各种法律法规的保护。

那位教师母亲认为孩子的能力提高了，该尊重孩子了，这种认识是不够全面的。其实，孩子在出生时就已经具备了这种权利，而不是因为孩子长大了，有能力了，才需要给孩子尊重。

儿童的隐私权、行使民主生活的权利等等，都属于应受到保护的儿童权利的范围。儿童的权利范围是很广泛的，其中生存权、发展权、受保护权、参与权是儿童的基本权利。谈到孩子的生存权、受保护的权利，也许父母们还比较容易接受，认为孩子当然应该受到成年人的保护；但若和一些成年人深入探讨孩子的发展权、参与权的时候，就会发现，许多成年人难以充分理解儿童为什么要有隐私权、参与社会事务的权利、行使民主生活的权利等。

在一些成年人眼里，孩子生来就是被保护的，而他们作为独立个体所应该享有的尊重，成年人却很难赋予。所以，2022年开始实施的《中华人民共和国家庭教育促进法》规定进行家庭教育的五条要求，第一条和第二条都强调了尊重：尊重未成年人身心发展规律和个性差异；尊重未成年人人格尊严。

在现实生活中,也时常发生儿童的权利受到侵犯的事件。也许有的父母或教师会认为,给孩子那么多的权利,孩子还怎么管呢?不是无法无天了吗?其实,这些担心是不必要的。一个懂得珍惜自己权利的人,比一个不珍惜自己权利的人更懂道理,因为这说明孩子们在成长。而且,儿童的权利是在教育儿童怎样更好地做人,而不是教育孩子逃避父母的帮助和指教。

所以说,当父母或教师尊重孩子的权利,并引导孩子珍惜自己的权利时,真正有益的教育才能开始。从另一个角度说,只有被人尊重,孩子才可能获得自尊,并可能学会尊重别人,而自尊和尊重他人是成为一个具有健康人格的人的首要条件。

由于孩子还不成熟,自尊意识往往处于嫩芽状态,特别容易受到伤害。所以,成年人更应当保护孩子的权利意识,给孩子足够的尊重。

可以说,是否尊重孩子,将对孩子的一生起重要作用,值得父母们给予特别的关注。

怎样给孩子足够的尊重,让孩子的人格健全发展?我给父母们下列建议:

1. 平等对待每一个孩子。虽然许多成年人都知道要保护儿童,在日常生活中却经常犯错,常常根据自己的喜好,用不同的态度对待儿童。对那些长得漂亮的、学习成绩好的、能说会道的孩子可能就给予较多的关注,而对于那些来自贫困家庭的、体形或容貌不符合自己喜好的、学习成绩不好的孩子则采取轻视态度。尤其是有些教师,在面对众多孩子的时候,常常会有所偏好和排斥。这种歧视也许成年人并不觉得怎样,但对孩子的心灵是极大的伤害。所以,要做到尊重儿童的权利,必须首先平等友好地对待每一个儿童,不管他是怎样的孩子,成年人都应该以一颗爱心去宽容和接纳他。

2. 尊重孩子的隐私。也许是父母们爱子心切吧,总希望掌握孩子的所思所想,恨不得像孙悟空那样钻进孩子的肚子里。但这样做,往往不但无法真正了解孩子,反而会和孩子造成对立或冲突,因此而酿成悲剧的也不在少数。要真正了解孩子,首先要给孩子真正的尊重。孩子应该有自己的秘密,父母老师也无权干涉。不要拆看孩子的信件,不要偷看孩子的日记,不要逼迫孩子"交代思想"。当您的孩子烦躁不安或闷闷不乐时,请告诉他:"如果你愿意,我希望倾听你的心里话;但如果你不愿意,我也会尊重你。"

三、养成良好习惯,要让儿童参与

习惯养成的一个高境界是形成积极向上的自身需求——我需要,我愿意,我快乐,而不是外在的强制。真正的教育是自我教育,儿童是主人,我们应当让他们自己做主。

多年的研究使我有一个感受:习惯的养成是一把双刃剑,如果忽视对儿童的理解和尊重,习惯的培养也可能成为奴役儿童的过程。什么意思呢?就是大人在研究习惯,大人在订规范,强迫孩子去做、去执行,这就很可怕。所以对待儿童的习惯养成,父母要谨慎。

我在这里特别提醒父母和老师,要尊重儿童的参与权利,让孩子充分地参与。养成一个好习惯,应该是要让孩子们觉得:这是我真正需要的,我特别希望有这个好习惯,这对我的帮助很大,对我的发展很有用,好习惯多了,我才是一个好学生,我才可以多交朋友。这样的习惯养成过程才是自主自动的,而不是强迫的。

教育的一大失败可以说就是把太多的教育变成了一种上对下的要求,而没有一个从下激发出来的主动的需求。现在全世界都在研究儿童,一个共同的主题是:儿童参与。

我们专门做过儿童权利的调查研究,发现儿童参与是较为薄弱的方面。我举个例子:

> 香港某青年会成立100周年,我随全国青联代表团去祝贺。世界上许多国家和地区来了1800多个嘉宾。晚上就餐之前,安排看演出。第

一个节目——狮子舞，表演的青少年非常地尽力。我发现这些耍狮子的孩子眼神有些异样，直直的、愣愣的。我非常奇怪："眼神怎么这样？"一问才知道，这是一些智障孩子在表演。我非常感动，当时眼泪就下来了。

大家想想看，我们儿童教育工作者，面对如此众多来自世界各地的嘉宾，谁敢让智障孩子来表演第一个节目？我们很可能让他们回家，甚至长得不好看的、纪律不太好的，也让他们回家。我们会挑一些嘴巴灵巧的、模样长得可爱的孩子来表演。那么，儿童的平等在哪里？儿童的参与在哪里？素质教育的第一个原则就是面向全体，而不是面对少数。

所以说，行为习惯的养成，如果没有儿童的主动而充分的参与，就不是成功的。

据中国社科院卜卫教授的研究，儿童参与有一个阶梯，阶梯有八层：

第一层是操纵，成年人操纵儿童；

第二层是装饰，找几个孩子来表演一下，来装饰；

第三层是象征性的参与；

第四层是成人指派；

第五层是与儿童商量；

第六层是成年人与儿童一起决定，经过讨论确定要培养哪几个习惯，成年人与儿童一起商定；

第七层是儿童提出方案，比如儿童想培养自己说话算话的习惯，儿童决定，成人不限制；

第八层是儿童和成人一起决定。

儿童的习惯培养，起点应该是第五层，成年人与儿童商量：你需不需要培养这个习惯？你愿不愿意培养这个习惯？因为孩子有选择权：我愿意养成什么习惯，比如爱运动的习惯、有礼貌的习惯……内向的孩子不能培养成外向的孩子，慢性子的孩子不能培养成急性子的孩子。习惯养成要讲究规则，要尊重差异。

比方说，有一家外资企业要求员工见了客人要微笑，微笑的标准是露出八颗牙齿，因为这样的微笑是灿烂的。但是我们有点儿生活经验的人会发现，露出八颗牙齿的微笑未必发自真心，譬如很职业化的微笑、无奈的假笑等等。那种笑，对孩子来说恐怕是非常不好的。我们培养孩子对人发自内心的那种笑，当然可以有个性化差异。比方说，在表达对人的友好的时候，儿童的方式是不一样的。有的孩子不习惯叫人，父母却说："过来，叫叔叔，叫大爷，张阿姨，李伯伯……"小孩子就跟着鹦鹉学舌，这样做的效果并不好。

我们要培养孩子，不要强迫孩子去做。我们可以告诉他，对客人要有礼貌，要让孩子真心地去理解别人、尊重别人，用他自己的方式，如笑着点点头就够了。不能像训练猴子似地训练孩子。

有一个教育代表团到中国南方某幼儿园参观。园长为了让专家们看小朋友是怎样守纪律的，给每个小朋友发了一碗汤圆，要求什么时候吃要听从指挥。

小孩儿都特喜欢吃汤圆。客人来参观都要说话啊，致欢迎辞啊，啰啰唆唆了半天。对着汤圆，有个小男孩就等不及了，低下头舔了一下。幼儿园园长看见了，狠狠地瞪了他一眼。这个小男孩低着头，知道犯错误了。

其实，幼儿的表现是很真实自然的，没有什么可以指责的，而园长的责怪不利于儿童成长，也不符合习惯培养要尊重儿童的规则。

习惯的养成要从尊重孩子开始，要让孩子参与进来，我的建议是：

1. 尊重孩子。习惯培养的最低起点，应是成人与儿童商量，并认真对待儿童的意见。最理想的状态是儿童自己提出一些意见，并与成人一起做决定。充分尊重儿童权利，让他们在习惯养成中发挥主人作用，自己决定养成哪些好习惯，改正哪些坏习惯，自己决定采用哪些方法，并主动学会与成年人合作，这应当成为习惯培养的第一原则。当然，成年人的引导与帮助是完全必要的，但只有唤醒孩子心中沉睡的巨人，教育才能真正成功。

2. 多问孩子的想法。父母在给孩子提要求或者在决定某件事情的时候，应该问问孩子:"我这样建议,你愿意接受吗?""你有什么样的想法呢?""你觉得怎样做更好呢?"

3. 关心孩子的情绪。有的孩子由于性格内向或者不愿意真实表达自己的意愿,往往会在情绪中体现出不满,这时候父母应该要多加注意,并及时发现,耐心和孩子沟通,不要忽略你无意中的言行对孩子造成的伤害。

4. 注重身教。父母是孩子最直接也最生活化的"榜样"。社会学大师费孝通对我说,孩子懂道理,经常不是听会的,而是看会的。所以父母要特别注意自己的一言一行、一举一动,在孩子面前,要做出好的示范。

孙云晓
生活感悟

1. 2022年10月,我再次来上海陪伴小外孙,有许多发现耐人寻味。小外孙与爸爸很亲,他在玩玩具时,爸爸亲昵地摸了摸他的脸蛋,他却说:"不要摸。"小外孙的声音很轻,大人们却感到惊讶,才22个月的小幼儿就有了尊严与权利意识吗?实际上,当他会说要和不要之后,就经常表达自己的意愿。刚吃完午饭,阿姨要带他去午睡,他大叫"不要睡觉",随即跑去玩玩具,玩了一阵子才去午睡。试想一下,孩子的需求不是更合理吗?当然,毕竟是小幼儿,有时要与不要的表达并不恰当,这正是一个成长的过程。爱的前提是理解和尊重,对于幼儿也完全合适。

2. 22个月的幼儿也开始有叛逆反应。今天阳光明媚,我们还想去新虹桥中心公园玩。出门的时候,我们习惯把小外孙抱在车上推着走,他却说"不要不要",原来他想推车。看他推歪了,我想扶一把,他马上叫"姥爷不要推",就连下坡路他也自己推。昨晚,他把玩具小汽车扔床下面了,我用鞋拔子往外拨。他见了,抢过鞋拔子,趴在地上自己拨,兴致勃勃的样子。类似现象极多,说明小幼儿也想自己做事,因为他们善于观察,更喜欢模仿。很多时候，所谓叛逆是成长的需要。如幼教名家陈鹤琴所说，凡是儿童能做到的事情，大人不要替他做，这就是成长。

3. 陪伴孩子不是越紧密越好，而是恰当为宜。小外孙23个月了，我总想陪他一起玩，他却经常摆手说"不要"，因为他愿意自己玩。他自己玩的时候专心致志，探究来，实验去，就像大人在工作一样。当他需要帮助的时候，他会叫我过去，甚至会拿我的手解决他的难题。这也说明，大人不宜过度参与，更不宜反宾为主，却需要在孩子视线范围内，以备不时之需。有时候，孩子会乱扔东西。心理学家李玫瑾解释，这可能与大人陪伴过多过密有关。我想，这可能是儿童想摆脱束缚的表现。实际上，儿童自己专心玩耍越久，越有利于专注力的培养。

4. 某天晚饭后，小外孙开始玩一个轨道组装玩具，还拉我帮助。小外孙守着一堆零件，居然在看图纸，还比比画画对照，那认真劲儿惊到我了：23个月的幼儿有看图操作的意识吗？于是，姥爷姥姥齐上阵，与他边商量边组装，终于成功了。这可能是小外孙参与的第一个大工程，他好开心啊，拿着小火车在轨道上来回行驶，还拿来更多玩具车做试验。从他迷恋挖掘机到组装轨道跑车，我仿佛看到了一个童年的工程师，没有丝毫功利观念，纯粹兴趣使然。当然，儿童的未来是难以预测的，尊重其探究的兴趣，创造条件培养其动手能力，自有无限价值。见微知著，感慨万千：用心陪伴婴幼儿的生活，远胜于读儿童心理学。

5. 小学是培养自我管理习惯的奠基时期，也是最重要的时期。调查显示，只有七成的儿童能够较合理地安排周末和寒暑假生活，近三成儿童无法做到；两成以上的儿童经常找不到需要的东西。这些足以让父母"抓狂"。教育家苏霍姆林斯基说，只有能够激发学生进行自我教育的教育，才是真正的教育。

第二节 培养好习惯要以健康人格为导向

> 习惯培养应当以人格化为追求，而不是单纯的技能化。具体说，就是在习惯培养过程中，应当以健康人格为核心目标，注意观念与情感的培养和价值观的引领，使孩子对每一个好习惯都知其然、知其所以然，从而晓之、信之、践之。

我在接受《光明日报》记者采访时曾说过："培养孩子的良好习惯应当是人格化的，而非技能化的。"这里说的是习惯培养的一个比较高的境界，就是健康的人格化习惯。什么叫健康的人格化习惯？简单地说，就是以健康人格为导向的自动化行为反应模式。前面我们已经说过，人格是心理和行为特征的总和。人格化不是一个简单的技能化。当然技能化也很重要，习惯的养成是需要技能的，就像骑自行车和游泳一样，都是动作性、技能性的习惯，很难忘的。

这里还涉及习惯与人格两个重要概念的关系，涉及许多复杂的理论与实践的问题。2001年，我与中国科学院心理所张梅玲教授讨论之后，决定做"少年儿童行为习惯与人格的关系研究"。该课题被批准为全国教育科学"十五"规划课题，也是团中央和中国少先队工作学会的重点课题。

习惯与人格的关系是相辅相成的。习惯影响人格，人格更会影响习惯。也许可以说，年龄越小，习惯对人格的影响越大；年龄越大，人格对习惯的影响越大。因此，在儿童时期重在培养良好习惯，就是为健康人格奠定基础。

2015年5月23日，澎湃新闻报道中南大学一名研究生疑因论文答辩未通过而自杀。这名自杀的学生叫姜某某，其所就读的中南大学是教育部直属的综合性全国重点大学,也是国家首批"211 工程"和"985 工程院校"。

姜某某老家是河南省信阳市,初三那年父亲因肝癌病逝,比他大两岁的哥哥被迫辍学打工,与务农的母亲一起供他读书。哥哥说,弟弟一直很努力,2006 年考入武汉科技大学,毕业后工作两年还清了助学贷款,2012 年考入中南大学机电工程学院读研究生。2015 年,姜某某即将研究生毕业,大家都觉得其即将拥有一个美好的未来。

但家人没想到,5 月 18 日下午 3 点,校方打电话告诉他们:"姜某某在网上写了一封遗书,校方发现情况后也没找到人。"下午 5 点多,校方向他们确认:"姜某某 3 点半在图书馆跳楼自杀。"

姜某某死前在网上留下 5000 字遗书,称因论文答辩遭导师为难无法通过,选择自杀。但他的导师杨某某否认刻意为难姜某某,而是按规章制度来给予评审。姜某某的师兄弟中,一位不愿透露姓名的中南大学毕业生也证实,杨老师对待学术研究十分严格,但不会"故意为难学生"。"每一届都会有答辩不合格的学生,我在毕业时也因首次答辩不合格被要求延期,但只要在 5 月 22 日之前修改合格,再次提交即可。"该毕业生说。所以说姜某某的自杀也可能与其脆弱的心理有关。

一个重点大学的研究生,可谓天之骄子,拥有渊博的知识,有着美好的未来,但仅仅因为论文没有过而心生忧郁,在悲观绝望中结束了自己的生命,不仅使自己失去了幸福生活的机会,也使亲人的生活从此蒙上抹不去的阴影。其实,生活中谁都可能遭遇挫折,能否理性面对,取决于人格健康水平。所以,教育的核心不是传授知识,而是培养健康人格,健康人格决定幸福的人生。健康人格也是习惯培养最重要、最核心的指导方向。

在《培根论人生》一书中,这位思想家曾专门论述习惯的重要作用:

> 人们的行动,多半取决于习惯。一切天性和诺言,都不如习惯有力,在这一点上,也许只有宗教的狂热可与之相比。除此以外,几乎

所有的人力都难战胜它。即便是人们赌咒、发誓、打包票，都没有多大用。

个人的生活受习惯支配，而社会的习惯，则是一种可怕的力量。古印度教徒为了遵守宗教惯例，可以引火自焚，他们美丽的妻子，也心甘情愿跟着跳入火坑；古斯巴达青年，每年要在神坛上受鞭笞，以锻炼坚忍的耐力；而伊丽莎白初期，一个爱尔兰死刑犯受绞刑前，要求用荆条，不是绳索——那是他们民族的习惯。

习惯是一种多么顽强的力量，它可以主宰人的一生。因此，从小就应该养成一种好习惯，通过教育，通过陶冶，直至我们终生不忘。幼年学习语言，轻松又自如，中年以后就很困难，这是一种习惯。运动等方面的习惯也是如此。

意大利教育家蒙台梭利认为，三岁决定一生。3~12岁是一个人养成良好习惯的最佳时期。在我看来，在身体健康的基础上，儿童成长是由四块基石决定的，即自信、兴趣、习惯、能力。自信产生兴趣，兴趣养成习惯，习惯化为能力，而核心是人格。

著名心理学家威廉·詹姆士有段名言："播下一个行动，收获一种习惯；播下一种习惯，收获一种性格；播下一种性格，收获一种命运。"

这段名言是说习惯可以决定一个人的命运。我要特别强调的是，有了好习惯的孩子是走遍天下都可以放心的孩子，一身坏习惯的孩子会让父母一生都不能放心，不得安宁。

我们必须认识到习惯的重要性，在培养孩子的好习惯时要以健康人格为导向。那么，具体要怎么做呢？要注意什么呢？根据我们多年的研究和实践，首先要注意下面三个侧重点：

在培养个人性习惯的同时，侧重培养社会性的习惯。比如说有的人一进办公室要想问题了，往沙发上一坐，脚翘在桌子上开始思考问题；而另一个人开始想问题了，打开音响，听着轻音乐，摇头晃脑地思考。这就是个性差异，这种差异一般不会影响别人。比如有的人不叠被子，有的人被子叠得方方正正，有的人桌子上乱，有的人的桌子干净，这都没有太大关系，不妨碍别人就行。可是，培养社会性习惯特别重要，也特别需要，因为与大家关系密切。社会性规则就比较多了，比如说遵纪守法、按规则排队、尊老爱幼等，都是社会性习惯。

在培养动作性习惯的同时，侧重培养智慧性习惯。什么叫作动作性习惯，比如说饭前便后洗手、随手关灯、用过的东西放回原处，这都是动作性习惯。智慧性习惯呢，像总结、反思、质疑、有计划等等。

在培养传统性习惯的同时，侧重培养时代性习惯。传统性习惯，比方说谦让、节约、守纪律等等。时代性习惯，比方说讲效率、讲双赢、讲竞争、讲环保、讲创新等等。一般来讲，幼儿阶段是培养生活习惯的黄金时期；小学阶段是培养品德习惯的黄金时期；中学阶段是培养智慧性习惯的黄金时期。

孙云晓 生活感悟

1. 儿童教育就是培养好习惯，这是成长的规律，也是许多教育家的共识。然而，习惯培养往往被父母和教师忽视。或许有人会以为习惯过于简单，其实，真正的好习惯是以健康人格为导向的，是把认知、情感和行为结合起来的一种培养过程，绝非简单的行为训练。

2. 近日，青岛一位小学校长来访，谈他们坚持两年抓细节培养好习惯，效果良好，令人欣慰。儿童的习惯养成绝不仅仅是行为训练，需要根据不同年龄特征，提高认知水平，激发美好的情感。比如，引导孩子礼貌待人，不是只要求微笑和问好，而需要建立理解和尊重他人的观念，培养健康的人格化习惯。

3. 教育的真理是朴素的。95岁的北师大教授卢乐山被誉为新中国幼教拓荒者，她的教育观点极为平常："爱孩子就是给孩子养成良好的生活学习习惯，丰富孩子的经验，提高孩子各方面的能力，这样教育出来的孩子一点也不费劲。"相反，今天重压之下的孩子因为没能养成良好的习惯，所以成长得很费劲。

第三节　践行三大职责，培育"三颗种子"

> 儿童教育千头万绪，既需要抓住根本，又需要细致入微。

什么是儿童教育的根本呢？2022年六一儿童节，习近平总书记在致中国儿童中心成立40周年的贺信中说："希望你们发扬光荣传统，团结广大儿童工作者，做儿童成长的引路人、儿童权益的守护人、儿童未来的筑梦人，用心用情促进儿童健康成长、全面发展。""引路人、守护人、筑梦人"的定位与目标的提出，指明了父母、教师和儿童工作者的三大职责，对于儿童工作的发展和校家社协同育人的引领都具有重大意义，需要我们深刻领会和努力探索，因为这就是儿童教育的根本。

如何践行"引路人、守护人、筑梦人"的三大职责呢？自然需要尊重儿童身心发展的规律与特点，细致入微地进行教育引导。北师大心理学家陈会昌教授的团队，对208个孩子自2岁起跟踪研究24年，发现在那些发展理想的孩子身上，最为突出的是"三颗种子"都发达，即健康人格的核心要素——主动性、自控力和情绪稳定性良好，将其比喻为"三颗种子"，表明这是生命生长的状态。这项研究成果对广大父母和儿童教育工作者具有较高的借鉴意义，可以用"三颗种子"作为重要指标，来观察判断孩子的成长状况，并且引领教育的方向。

所谓主动性，是指有兴趣、有爱好、有目标，积极主动地去实践和探索。所谓自控力，是指有规则、有底线、有意志力，能够把握自己的行为。所谓情绪稳定性，是指心理健康，能够平和妥当地对人对事。教育专家蒋佩蓉说得非常生动形象："司机开车都明白，主动性就像油门踏板，自控力就像刹车踏板，两个缺一不可。"可以说，主动性能够为人的发展开辟道路，而自控力和情绪稳定性则起到保驾护航的作用。显然，主动性、自控力和情绪稳定性是成人成才的人格特征。

"做儿童成长的引路人、儿童权益的守护人、儿童未来的筑梦人"，这三大职责之间具有相辅相成的逻辑关系，也为培育"三颗种子"开辟了道路。"做儿童成长的引路人"，要求父母们和儿童教育工作者要坚持立德树人的方针，从养成良好习惯入手，注重培育健康人格。做"儿童权益的守护人"，要求父母们和儿童教育工作者要尊重儿童的身心发展规律与基本权利，以"儿童友好"的方式方法来进行教育。做"儿童未来的筑梦人"，要求父母们和儿童教育工作者要引导孩子发现自己的潜能优势，关心国家发展的需要，逐步确立远大的理想，激发出强大的内动力。

也许，有些父母朋友会焦虑："主动性这么重要，可是我的孩子做什么都不主动，他没有什么兴趣爱好，也没有发现他有什么潜能优势，这该怎么办呢？"实际上，每个孩子都有自己的潜能优势，也完全可能培养出兴趣爱好，之所以没有发现，是因为缺乏足够的体验，缺乏激发潜能的契机。作为父母来说，不能只让孩子学习文化课，而要让孩子体验到丰富多彩的生活，并在体验中发现孩子的潜能优势，这正是激发孩子主动性的源泉。

或许，还会有些父母为孩子缺乏自控力发愁："我的孩子什么都敢干，就是管不住自己，整天惹是生非，真担心孩子成为问题少年。"的确，很多父母都发现，培养孩子的自控力难于培养主动性，例如上网玩游戏或者玩手机时间过长、乱花钱、不爱运动等等，都让父母感到头疼。

早在半个世纪之前，斯坦福大学的棉花糖实验揭开了自控力之谜。当幼儿面对一颗棉花糖时，能够等到15分钟以后再吃的幼儿，多年后社会适应程度远远高好于不能等待的同龄人，如独立性、责任感、生活能力，甚至包括学习成绩都明显更好。我注意到该研究的一个关键性的细节，即那些能够等待的幼儿，其重要动机是为了获得第二颗棉花糖的奖励。也就是说，两利相权取其重，人为了获得更好更大的利益而可能控制自己暂时的欲望。这给予我们一个深刻的启发，即培育主动性、自控力和情绪稳定性"三颗种子"是让人获得成功与幸福的核心素养，比获得第二颗棉花糖更有价值，问题在于如何让孩子明白并自觉自愿地主动接受。

　　爱因斯坦有一句名言,大意是:忘不掉的教育才是真正的教育。毫无疑问,无论是父母们和儿童工作者需要培育"三颗种子",还是青少年儿童成长需要"三颗种子",其实现过程都是一个习惯培养的过程。因为习惯是稳定的、自动化的行为,养成习惯正是忘不掉的教育的标志。麻省理工学院的研究发现,习惯的养成有一个简单的神经逻辑回路,即从暗示到惯常行为再到奖赏。值得注意的是暗示和奖赏,暗示意味着引导的方向,而奖赏则决定着惯常行为能否持之以恒,成为习惯。通俗一些说,孩子尝试养成习惯的过程中,是否能够获得成功的体验,决定着习惯是否能够养成。所谓成功的体验,不仅仅是父母或教师的奖赏,更重要的是孩子内心的满足和成功的体验。

　　简而言之,如果父母们和儿童工作者认真践行"引路人、守护人、筑梦人"的三大责任,注重在青少年儿童心中培育主动性、自控力和情绪稳定性"三颗种子",必将培育出能够担当民族复兴伟业重任的强国一代。

孙云晓 生活感悟

1. 习惯的养成是重复的结果吗?斯坦福大学行为设计研究者福格教授认为,习惯能够养成不是因为重复,而是因为你的大脑在做这个行为的时候感知到的情绪,习惯是由情绪创造的。福格的论断也许表明习惯与人的主动性有关,即人总是顽强地做自己喜欢的事情,因为喜欢,故能够坚持,又因为坚持而养成习惯。所以,培养孩子好习惯的秘诀,就是以美好和成功的体验激发其强烈的动机与积极的情绪。即使一次令人难忘的暗示、提示与体验,都可能创造神奇的效果。回想一下自己的成长经历,很容易明白其中的奥秘。

2. 你希望有一个什么样的人生？或者期待命运做出什么样的改变？其实都是可以通过行为设计来努力实现的。《福格行为模型》中说："你要带着好奇心，保持一定距离去观察你的行为，就像科学家观察培养皿内的情况那样。""将生活当作自己的专属改变实验室，你可以在这里为那个你想成为的自己做任何尝试。"人能否成为自己的主人，取决于能否控制自己的行为，这或许是习惯养成的最高意义。

第八章

培养良好习惯的六个步骤

习惯对于人格的培养和优化能起到重要的作用，而习惯的培养也有着科学的方法和步骤。

据麻省理工学院研究人员的实验研究发现，习惯的形成有一个简单的神经逻辑回路，即从暗示到惯常行为再到奖赏。只要保留暗示和奖赏，就容易改变惯常行为。回顾自身的成长经历，很多人都可以发现：当你获得某种较强烈的暗示，你可能会去尝试，即出现惯常行为；而如果获得奖赏（包括内心的满足与成功的体验），你便可能将惯常行为持续下去，形成习惯，甚至养成新的惯常行为。

具体怎样培养孩子的良好习惯呢？我们在进行教育部的全国教育科学"十五"规划课题"少年儿童行为习惯与人格的关系研究"的研究中，总结出了习惯培养的六个步骤。当然，习惯培养并非要求按照这六个步骤逐一进行，而是因人而异，从任何一个步骤开始都是可以的。需要注意的是这六个环节都是不可或缺的，是相辅相成的关系。

第一节　激发动机，让孩子在快乐的体验中养成好习惯

> 习惯养成当然需要一定的行为训练，但首先要提高认识和激发动机，使习惯培养成为一种自觉自愿的理性行为，才能真正养成好习惯。与清华大学教授石中英谈及灌输，他认为只有道理灌输和行为训练是危险的，也是脆弱的，如果没有独立思考和高度认同，在多元化的时代很容易动摇和改变。

习惯培养的第一步是激发动机或者说提高认识。引导孩子对养成某个习惯产生认同、兴趣和信心，也可以说是充分发挥暗示或提示的作用。

这是什么意思呢？就是要让孩子自己通过交流或体验产生一种认识："我要这样做，这样做好；我喜欢那样做，我愿意坚持下去。"

我可以坦率地告诉大家，我之所以能够成为一个研究者和作家并有许多收获，得益于童年养成的三个好习惯，第一是读书，第二是写作，第三是讲演。这三个习惯成就了我的一生。习惯养成的理想境界就是"我愿意，我喜欢，我幸福，我需要，而不是说别人需要"。

对某个习惯越认同，认识越深刻，情感就会越强烈，养成的可能性就越大。

每个人都追求真善美，总是向着一种喜欢的、有兴趣的、内心觉得真好的方向走，这是人的正常心理。我们要培养好习惯，一定要让孩子体验到坏习惯的丑陋、不能容忍，体验到好习惯的美好、益处多多。

我在日本参加过青少年夏令营，日本孩子在餐桌上的表现让我们感动。日本孩子有一个习惯，吃饭前，哇啦哇啦说几句话，意思就是："感谢赐给我美好的食物，我要好好吃饭啦。"日本儿童的集体活动前是习惯于这样表达的。

日本孩子说了之后就吃，不能剩饭，而且吃饭前人人要劳动，连两三岁的孩子也要拿个筷子，拿个碗什么的。集体就餐时，吃完饭，日本孩子会站起来，向厨师鞠躬："辛苦啦！"

2010年暑假，我在日本旅行，在箱根的一家饭馆吃饭时发现：一个六七岁的日本男孩吃完饭推门就走，却被他的父亲叫了回来，让他向服务员鞠躬致谢。显然，这位父亲是在随时随地培养孩子的好习惯。

其实，我们中国早就有美好的食育传统，例如《朱子家训》："一粥一饭，当思来之不易；半丝半缕，恒念物力维艰。"可是我们的孩子在餐桌上有没有想这些呢？我们有没有把习惯的养成和孩子的生活体验结合起来呢？养成感恩和珍惜的习惯显然是不够的。

当然，教育在于引导。在习惯的培养当中，要多一些美好的事情，让孩子在体验中快乐成长。

教育不是说出来的，是做出来的，实践出真知。洛克就强调儿童学习中的两个习惯：热爱求知和实地观察、亲身体验。

怎么做呢？有很多种方式，要创造很多让孩子体验的活动方式。

我不能断言自己的女儿中小学时代是快乐的，可以确定的是她的体验较为丰富。在北京，她上的是学习日语的月坛中学。从初二开始，学校开展民宿活动，就是日本学生到北京来，住到中国学生的家里，相互交流。中国孩子也到日本去，住在日本学生家里。

我女儿前后一共领了三个日本女学生住在我们家里，她负责接待。后来她报名到日本去民宿，我们也支持。

日本的学生到我家来住，叫我"奥桃桑"，就是爸爸；我女儿到日本去，也管人家的父母叫爸爸妈妈。我女儿去的那个家，上有爸爸妈妈，下有一个姐姐、两个弟弟，加上我的女儿，四个都是中学生。女儿在人家家里一住就近一个月。这样的活动她去了两次，每次都是坐船去，来回就要四天。

可想而知，这孩子住在日本人家里，周围一个中国人都没有，她不学会独立行吗？她不学会礼貌行吗？她不张口说日语行吗？

这就是一种体验的方式，我女儿在日本磕磕绊绊，感慨万千。我觉得她有些习惯是在日本形成的，因为日本的家教很严。所以说，我们对孩子的教育，千万别这样说："我跟你说了一百遍了，你还记不住！"你这样说，他就是记不住，他甚至听不懂你的话，不知道是什么意思。

我们要创造各种方式，让孩子在体验中快乐地成长。在这个过程中，我们的少先队和学校的作用是巨大的。

上海的华阴路小学，学校中98%的少先队员都主持过中队会，奇怪不奇怪？难道这个学校的少先队员都是队干部吗？

原来，这个学校的少先队活动开展得很好，有的队员提议每天都开展队活动。可是课程改革后，少先队一个星期就只有一节活动课，怎么可能天天有活动呢？这个学校做到了。怎么做的呢？每天下午上课之前十分钟开队会，各个中队开灵活多样的中队会，就名为"十分钟队会"。队会的题目、内容，由队员们自己想，自由报名。你报了名，你就上来主持。这个星期把下个星期的队会内容和主持人排出来，星期一是谁主持，是什么内容，星期二是什么，星期三是什么……比方说，有马路歌手争夺战，有猜谜，有各种有趣的故事，有新闻发布，等等，什么内容和方式都可以。

大家想想看，别说一个小学生，即使是成年人，有多少人头发都白了，也很少在众人面前讲过话。没有这个体验，所以他就更谈不上习惯。碰到苦难，遇到委屈，受到伤害，他也不会表达，不敢在众人面前开口，只能找别人帮忙诉冤，把命运寄托在别人身上。

这个学校让孩子们从小主持会议，让每一个小学生都有机会站在全班同学面前主持"十分钟队会"，是个了不起的锻炼。这个学校的做法已经成为了一个传统，我认为这是很好的体验。我们要创造机会，让每个人都能从容地在众人面前表达自己，说说你的家庭，说说你的爱好，说说你的有趣的经历，对于孩子来说，这就是成功的体验。

如何让孩子在快乐的体验中养成好习惯，我的建议是：

1. 创造多种体验方式。平日里给孩子创造很多体验机会，比如到邻居家去借东西，到同学家里玩，到附近商店买东西。还可以让孩子参加夏令营、冬令营，当志愿者服务社会，体验不同于平时学校、家庭的生活。

2. 发挥学校与少先队的作用。北京的史家小学，他们的做法使我很感动。这个学校的老师带学生去看电影，有1000多个学生，入场后没有声音，人都坐齐了，楼上的放映员还以为人没来呢，这就是习惯养成的魅力。发挥少先队的作用，例如，现在队干部不能"终身制"，积极参与少先队干部的选举也是一种体验。

**孙云晓
生活感悟**

1. 养成好习惯是一个从被动到主动再到自动的过程。据伦敦大学的研究，大学生养成一个习惯平均需要66天，复杂的习惯可能需要更长的时间。这么漫长的过程靠什么才能坚持下来呢？吴凯教授认为，对儿童来说，关键的因素是主体体验。就是说要孩子自己体验到：按照好的习惯做就成功，就快乐，按照坏的习惯做就失败，就痛苦。显然，父母和老师的鼓励和引导，即激发孩子的动机特别重要。

2. 培养习惯绝不可采取牛不喝水强按头的做法，最有效的方法是激起内心的渴望，渴望越强烈，越可能养成习惯。稻盛和夫说过一段话："首先需要有强烈的愿望，这很重要。只有这样，愿望才能成为新的起点，最终一定能够成功。无论是谁，人生就如你内心描绘的一张蓝图，而愿望就是一粒种子，是在人生这个庭院里生根、发枝、开花、结果的最初的，也是最重要的因素。"一谈及习惯培养，许多父母立马雄心万丈，给孩子提出诸多要求，孩子却无动于衷，这种一厢情愿的教育等于对牛弹琴。其实，所有的儿童教育都必须唤起儿童的内心需要，才可能是成功的开端。稻盛和夫说得好："内心不渴望的东西，它不可能靠近自己。"

第二节　明确规范，从规范行为习惯做起

习惯培养的第二步——明确规范。

明确行为规范就是让孩子对养成某个良好习惯的具体标准清清楚楚。让我们举个例子来说明：

北京市史家小学的一个男孩子上课时很调皮，把任课老师惹生气了，下课了，全班同学都埋怨他。这个小男孩很懊恼，就去找班主任孙蒲远老师。

孙老师做过40多年的小学班主任，经验丰富，是位特级教师。她听了小男孩的话就说："犯了错就认错，还是好孩子嘛。那你准备怎么认错呢？"小男孩说："我去给老师赔礼道歉，再给老师鞠个躬。"孙老师说："鞠躬很好，会让对方知道你很有诚意。可是你会鞠躬吗？试一下我看看。"小男孩直挺挺地点了一下头。孙老师摇摇头说："这不是鞠躬，这只是点头嘛，点头道歉缺乏诚意。"那个男孩愣住了，因为长这么大，他从来不知道鞠躬与点头有什么区别。

这时，孙老师站起来，给小男孩演示怎么鞠躬：挺胸抬头，双手自然下垂，然后上身向下弯曲与地面平行。孙老师告诉小男孩虔诚的鞠躬应该是这个样子的。男孩子认真地练习了很多遍，去给任课老师道歉时果然被接受了。

从孙蒲远老师的教育方法中我们可以看出，教育学生不光要有耐心，还要有细心，因为只有细致入微的指导，才能培养出真正的好习惯。甚至可以说，儿童成长离不开细节的指导。

《现代汉语词典》对"习惯"的解释是："习惯就是在长时期里逐渐养成的、一时不容易改变的行为、倾向或社会风尚。"中华民族一向重视儿童教育，尤其重视良好品德的培养。《周易·象传》中说："蒙以养正，圣功也。"意思是说，对儿童加以正确的诱导、教育和启迪，这是圣人的功业。

可是，儿童的"蒙养"该怎么养？"养正"又怎样才算正呢？2004年2月26日，中共中央和国务院颁发的《关于进一步加强和改进未成年人思想道德建设的若干意见》明确指出："从规范行为习惯做起，培养良好道德品质和文明行为。""对小学生重点是规范其基本言行，培养良好习惯。"我相信，大多数父母都会重视孩子的行为习惯养成，因为养成好习惯终生受益，养成坏习惯终身受害，这是一个显而易见的道理。问题在于，应当培养什么样的习惯？应该怎样去培养？

事实上，许多父母面对孩子的时候，常常感到千头万绪，不知从哪里入手，一着急便容易滔滔不绝讲起大道理来。我估计，许多父母对孩子讲的话中，至少一半以上是废话。孩子听不懂，或听懂一些也不知该怎么做，甚至因父母唠唠叨叨而倍加反感，父母的话岂不是成了废话吗？

我国有许多传统的启蒙读物，例如清代学者李毓秀撰写的《弟子规》，虽然有许多糟粕混杂其中，也有细致入微的规范值得借鉴，智者自应择其利而去其弊。

请看《弟子规》的部分内容：

父母呼，应勿缓；
父母命，行勿懒。

译文：当父母呼唤的时候，应当即刻答应，不能迟缓；父母交代了什么事情，应当立即行动起来，不能拖延偷懒。

出必告，反必面。

译文：离开家时要告知父母，回家时也要面告父母，以让父母放心。

长呼人，即代叫；

人不在，己即到。

译文：如果听见年长者叫唤人，就应立即代他去叫喊。如果要找的人不在，自己就立即到年长者那里去看看有什么事。

冠必正，纽必结。
袜与履，俱紧切。

译文：戴帽子一定要戴端正，穿衣服时要把纽扣扣好，袜子和鞋子都要穿整齐，鞋带要系紧。

置冠服，有定位，
勿乱顿，致污秽。

译文：脱下来的帽子和衣服，应当放置在一个固定的地方，不能随便乱扔，以免把衣帽弄脏。

衣贵洁，不贵华。

译文：衣服的穿着贵在整洁干净，而不在于华贵漂亮。

年方少，勿饮酒；
饮酒醉，最为丑。

译文：在年龄小的时候，千万不要喝酒；一旦喝醉了酒，人就会变得非常丑陋。

斗闹场,绝勿近;
邪僻事,绝勿问。

译文:凡是打架闹事的场合,绝对不能走近;凡是不正经的事情,绝对不去过问。

用人物,须明求。
倘不问,即为偷。

译文:使用别人的东西,必须明确地提出请求,以征得别人同意。假如不问一声就拿去用,这就是偷窃。

借人物,及时还;
人借物,有勿悭。

译文:借了别人的东西,要在规定的时间里归还;别人向你借东西,如果自己有就应当答应,不要小气。

凡出言,信为先;
诈与妄,奚可焉。

译文:凡是说出来的话,首先要讲求信用,说到做到。欺骗蒙混,胡言乱语,这怎么可以呢?

《弟子规》的译注本很多,我选用的是山西古籍出版社的版本,感谢李捷译注,我对译文做了少许修改。父母朋友可以看到,这些琅琅上口、便于记忆的句子,把许多做人做事的好习惯讲得既明白又具体,如果与孩子一起反复咏诵,必将大有益处。

我们的教育思维要与时俱进，儿童的教育离不开明确的规范和细节的指导。如何明确规范，培养孩子良好的行为习惯，我的建议是：

1.培养孩子养成良好习惯要注意日常生活中的各种细节。对孩子在日常生活中表现出的好的行为要及时表扬，并鼓励他坚持下去，促进孩子在生活中养成良好习惯，如饭前便后洗手、合理饮食、按时睡眠等。

2.要求越具体越好。老子说："天下难事，必作于易；天下大事，必作于细。"越难的事情，越要把它变得比较容易来做，大的事情要从细致和细小的方面来做，这才能做成功。因此，在培养孩子好习惯的过程中，向孩子提的要求一定要具体，以便于孩子知道怎么做，如何做，从哪里做起。这是习惯养成的重要步骤。

3.注意身教示范。习惯的养成不仅仅是孩子的事情，也与父母密切相关。父母要以身作则，要求孩子做到的，自己首先要做到，身教比言教更有力量。同时，也要随时亲身示范，如文中提到的孙蒲远老师，就让孩子从直观形象的引导中养成好习惯。

孙云晓
生活感悟

1.培养好习惯如何真正有效，《福格行为模型》一书给人一个新思路，那就是具体、行动、自信。福格教授是斯坦福大学行为设计实验室创始人，2011年提出"微习惯策略"。例如，每天早上花三秒钟说一句："今天又是美好的一天！"这种"毛伊习惯"可能让你立即迈向更好的未来。福格有些策略很特别，如"简单才能促进改变""学习微习惯策略的最佳方式就是立即开始行动""创建微小的积极习惯是培养更大习惯的途径"等等。显然，把习惯看得越大越抽象，越难以改变或养成，福格的策略是化大为小、化难为易，这种智慧的引导方法尤其适合儿童教育。

2. 儿童的习惯培养必须明确规范，而不能总是笼通要求"好好的"，因为没有细节引导，儿童往往不得要领。例如，教孩子学会鞠躬和双手接东西，才会使其养成文明礼貌的好习惯。再比如，提醒孩子每天早晨起床后喝一杯温开水，养成"出必告，返必面"等习惯，都会让孩子终身受益。

第三节　榜样教育，让孩子的习惯养成获得支持性力量

习惯培养的第三步是榜样教育。这一步的关键是让孩子对养成某个良好习惯产生亲切而向往的感情，并获得支持性的力量，而榜样和偶像具有特别的魅力。

天津社科院的关颖研究员曾与青春期的儿子难以沟通，但儿子房间里贴了许多篮球明星乔丹的画像，因为乔丹是他心中的偶像。

后来，一向不喜欢篮球的关颖，开始与儿子一起看篮球比赛了，并且收集了许多乔丹的故事，这让儿子对妈妈刮目相看，自然亲近了起来。关颖发现，只要与儿子谈乔丹，儿子就心服口服，因为他对自己的偶像有认同感、亲切感。

许多偶像的身上具有榜样的因素，如果善于挖掘这些因素，使偶像逐渐变为榜样，就可能产生良好的教育效果。关颖就是这样做的，她借助乔丹这个偶像身上的榜样力量，使全家人和谐相处，儿子的发展也越来越好。

儿童少年时代就是榜样时代和偶像时代，因为儿童少年的学习特点就是观察和模仿。当然，儿童少年的榜样和偶像并非都是名人，更多的是他们的父母与伙伴。

诺贝尔文学奖获得者莫言在瑞典文学院的获奖演讲中，讲了母亲让自己记忆深刻的诸多往事。

莫言记忆中最痛苦的一件事，就是童年时跟着母亲去集体的地里拣麦穗，看守麦田的人来了，拣麦穗的人纷纷逃跑。莫言的母亲是小脚，跑不快，被捉住。那个身材高大的守田人扇了她一个耳光，莫言的母亲摇晃着身体跌倒在地，守田人没收了他们拣到的麦穗，吹着口哨扬长而去。莫言的母亲嘴角流血，坐在地上，脸上那种绝望的神情令他终生难忘。

多年之后，当那个守田人成为一个白发苍苍的老人，在集市上与莫言相逢，莫言冲上去想找他报仇。母亲拉住了他，平静地说："儿子，那个打我的人，与这个老人，并不是一个人。"

令莫言记忆深刻的还有一件事。一个中秋节的中午，他们家难得地包了一顿饺子，每人只有一碗。正当他们吃饺子时，一个乞讨的老人来到了莫言家门口，莫言端起半碗红薯干打发他，他却愤愤不平地说："我是一个老人，你们吃饺子，却让我吃红薯干，你们的心是怎么长的？"莫言气急败坏地说："我们一年也吃不了几次饺子，一人一小碗，连半饱都吃不到！给你红薯干就不错了，你要就要，不要就滚！"母亲训斥了儿子，然后端起她那半碗饺子，倒进了老人碗里。

正是母亲这种宽容和善良的影响，让莫言在以后面对生活的磨难时更加包容和淡定，使他的文学作品更具人文和济世情怀。

因此，父母和老师应该成为孩子的榜样，同时可以选择孩子喜爱的杰出人物为榜样，也可以选择孩子的优秀伙伴为榜样。他们的某些好习惯，都会对孩子产生巨大的影响力。

孙云晓
生活感悟

1. 父母和教师的行为对孩子能否养成好习惯影响巨大，因为儿童最善于观察和模仿。班杜拉的观察模仿学习理论认为，儿童通过观察他们生活中重要人物的行为而学得社会行为，其中，自我效能，即对自己能力的判断起着重要作用。因此，父母和教师首先要给孩子做榜样，同时要培养孩子的自信心。

2. 回顾近七十年的人生，难以忘怀许多偶像和榜样给予我支撑与引领。或许可以说，一个青少年心中拥有几个有正能量的榜样和偶像，其精神世界才会充盈起来。据中国青少年研究中心的调研，榜样的影响力在小学四五年级达到高峰，偶像的影响力在初中一二年级达到高峰。这说明，中小学时代是最需要榜样和偶像的时代。父母与教师既需要理解和尊重孩子的选择，又需要引导其学习一些好的榜样。

第四节　持之以恒，让孩子养成稳固的习惯

好习惯都是长期坚持某种行为的结果，所以，要坚持不懈地进行积极引导和行为训练，让孩子由被动到主动再到自动，养成某个良好习惯。

许多好的行为不是自然而然形成的，对孩子来说往往需要训练，努力做到持之以恒。

举一个例子，孩子养成洗手的习惯就需要训练，不洗手就不能吃东西，只要是吃东西就必须洗手。在孩子吃饭的时候，要先询问孩子："洗手了吗？"天长日久，孩子慢慢养成洗手习惯以后，他就不用提醒了。例如，很多人早上起来都有洗脸刷牙的习惯，就不需要提醒了，因为养成了习惯，就成了稳定的自动化的行为。

习惯不是父母唠叨出来的，也不是号召出来的，而是认同出来的，是训练出来的，是坚持出来的。

有一年，解放军某部请我去给某地官兵们讲关于家庭教育方面的课。我住在部队后，多年的疑问找到了答案：为什么军人总是那么生龙活虎，精力那么旺盛？一个重要的原因是睡好觉。我这才知道许多部队都是晚上9：30熄灯，上床睡觉。军人们早上6：00起床，6：30出操，跑5公里。我一算，军人每天睡八个半小时觉呢，怎能不精力充沛？大家想想看，年轻小伙子9点半能睡着么，睡不着可以，必须躺在床上，这就叫军纪。今天睡不着，明天睡不着，后天就睡着了。军队有军队的绝招，士兵经过长时间训练之后，就具有了军人气质，只要听到一声"立正"的命令，就会产生一系列的反应，收腹、提臀、挺拔站立。这就是持久训练的效果。

我的一个学生曾经是上海芭蕾舞团的主角，领衔主演过《天鹅湖》里的白天鹅和黑天鹅。她小的时候又黑又瘦，却酷爱跳舞，进入舞蹈学校后变得彬彬有礼，背也很挺直，举止优雅，说话细声细气的。多年后我们重逢，都快认不出了。这就是在长期的训练之后养成的良好习惯，气质发生了改变。

曾在北京奥运会上和刘欢共唱一曲《我和你》的著名女高音莎拉·布莱曼，因为其独特的嗓音被誉为"月光女神"。但莎拉·布莱曼的嗓音可不仅仅是依靠天赋，根据《南方都市报》对她的采访，她每天都坚持美声训练，最长的时候每天要练习5个小时。因此，我们在培养习惯时，特别注意要有持久的训练。

那么怎么训练呢？我跟大家讲一个非常具体的案例。深圳的一个小学做我们的习惯研究子课题，让一年级的孩子培养一个习惯——自己整理书包。目标非常明确，就一个标准，上课铃一响，孩子从书包的最上边拿出这节课要用的书。第一节课拿出第一节课的上课用书，上完了要求孩子把这书放到书包的最底下。第二节课铃声响了，从书包的最上面拿出第二节课的上课用书。用这种具体的方法来培养孩子整理书包的习惯。

各位不要以为这很简单，其实并不简单，为什么呢？对一个一年级的小孩来说，把书包整理整齐并不容易。首先需要每天都看课表，第一节课是什么，第二节课是什么。其次，书包里不能有乱七八糟的东西。就这样练，一直练到不用检查、不用督促，就能做到拿出需要的上课用书。显然，这是家校协同育人的一种有效方法。

这样做的意义是什么？就是让孩子能够学会从小就过一种有序的生活，书包里的书是按照每节课摆好的，不是乱七八糟瞎放的。

通过一些训练，也可以让孩子有规律地放东西，比如睡觉时上衣、裤子、袜子等放在固定位置。这些细节的训练对孩子学会自我管理都是很有益的，但是都需要通过持久的训练来巩固，从而养成习惯。

北京舞蹈学院附中请我讲课时，我发现小姑娘、小伙子在我前面走着，不用回头，一看就知道他们是跳舞的，因为他们腰板很直，头很正。解放军艺术学院舞蹈系准备排练顶碗的舞蹈时，就要求学生在几个月的时间内每天顶着四个碗走路，一直练到行走自如，这样才能达到自然和谐的效果。

我有一个朋友的女儿叫早儿，是一个人见人爱的孩子。从小学到中学，老师都喜欢她，为什么？这个女孩非常有礼貌，善解人意。

谁给她们家打电话，凡是这个女孩接电话，打电话的人常常感叹："你女儿怎么这么可爱呢？我们好像在电话里看到了你女儿的微笑。"一个电话就能感受到这个女孩的可爱，为什么呢？因为这个女孩一拿电话，首先说："您好，这里是谁谁的家，请问您找谁？"如果她妈妈不在家，她会说："很抱歉我妈妈现在不在，您有什么事情需要我转告给她吗？需不需要我记下您的联系方式？"来电话的人如果不挂电话，她不会先挂掉，总是让客人先挂掉她才挂。所以打电话的人都很感动，觉得这孩子太可爱了。

那么，早儿为什么有这么好的习惯呢？这就是她妈妈培养的结果。妈妈曾经对孩子说："凡是给咱们家来电话的人，都是我们的朋友、客人，对朋友和客人要热情，要愉快，要有礼貌。"孩子一听，有道理，所以接电话的时候，都是带着愉快的心情接电话，那声音就不一样了。但是孩子毕竟是孩子，有的时候就忘了，有的时候心情不好，脸色也不对，妈妈就站在一旁打手势提醒她。孩子就想到了，就注意克制自己的情绪，慢慢地就养成了习惯。

经过我们 10 年的研究发现，习惯的养成一定是个由被动到主动再到自动的过程。开始是被动的，因为总是容易忘记，想起来了又赶快做。最初的心理特征是遵从，要养成好习惯，要遵从这样的规范要求。到了行为较为主动的时候，心理特征就发展为认同，这样做好，应该这样做。继续坚持下去，就可能达到自动的水平，心理特征就进入内化阶段，标志着习惯已经养成。

帮助孩子坚持好的行为，好行为坚持得越久，好习惯就会越牢。我的建议是：

1. 关键在头 3 天，决定在 1 个月。"万事开头难。""好的开始是成功的一半。"这些话都是至理名言，对于习惯培养有很好的指导作用。要注意，养成的习惯不一样，每一个人的认真程度不一样，刻苦程度不一样，所用的时间也肯定不一样。实践经验告诉我们，培养习惯需要持之以恒，但开始的一个月是关键时期。

2.好习惯要反复抓,抓反复。在儿童的成长当中,父母们会有一个顾虑,就是孩子有时候容易反复。家长一抓不紧呢,孩子就变了。孩子有的时候向你保证得好好的,说:"妈妈,我再也不犯错误了。"可是第二天照犯,这就是儿童的特点。儿童年龄越小,自制力越低。因此在儿童时期,养成良好的习惯非常重要,做法就是反复抓,抓反复。

> **孙云晓 生活感悟**
>
> 1. 21天养成一个习惯被认为不靠谱。伦敦大学研究发现,大学生养成一个习惯平均需要66天。福格最令我惊讶的观点是:有些行为只需要完成一次即可养成习惯,并以青春期孩子喜欢手机为例。他在《福格行为模型》书中说:"只要人们能对一种行为产生强烈的积极情绪,通常用不了几天就会形成习惯,可谓情绪创造习惯。"我想在特殊情况下可能如此,一见钟情就是这种情绪反应。所以,多给孩子新鲜刺激的积极体验,是养成良好习惯的有效方法。我11岁在动乱年代迷上文学,就是始于几本"禁书",可以证明一次强烈的,有美感的阅读可能养成习惯。当然,这个一次具有强刺激的作用,能激发出人的强烈动机,但真正养成习惯还是需要长时间坚持的。
>
> 2. 《人民教育》记者问我:"在小学时代,为什么学校没能培养出你的读书习惯,自己读书却养成了习惯?"我回答:"关键是强度不同,学校里只是语文课的影响,如毛毛雨,而我狂读几个月文学名著,如倾盆大雨。"也许可以说,无论是家庭环境还是学校环境,高频率的强刺激的行为过程有助于习惯养成。

第五节　及时评估，好习惯用加法，坏习惯用减法

及时评估的目的是让孩子在成功的体验中养成良好习惯，因为孩子往往难以长期坚持某种行为，需要经常性的评估来激励和引导。

在习惯培养中，存在一个比较突出的问题，那就是对习惯养成过程及效果如何评价。在研究与实践中，我们发现，情境测察、行为观察和人格特质测量是对习惯进行评价的比较好的方法。

情境测察法是当代心理学中使用得比较广泛的一种研究人的行为方式的方法。习惯是一种自动化的行为方式或反应，一旦相同的或类似的情境出现，就会自然地做出同样的动作或表现出同样的行为。因此，我们可以在相似的多种具体情境中，通过观察某人的反应和行为方式，来判断其是否具有某种习惯。

行为观察法是在培养孩子习惯的过程中，对孩子态度的变化、语言描述的变化、情绪反应的变化、动作准确程度的变化和外在控制力量的强弱变化及外在行为的变化等进行跟踪观察和记录。通过分析行为变化及其他相关变化的过程，就能对习惯是否养成做出评价。

人格特质的测量是从一个侧面揭示孩子行为习惯特点的方法。该理论认为，人格特质是构成人格的基本结构单元，具有稳定性。人格特质与人的习惯反应有密切联系。现代心理学研究表明，人格特质往往包含一组习惯或者一组习惯系统。因此，通过测量人格特质，也能对人的习惯做出评估。

通过研究表明，家庭和学校在习惯养成的评价上应以情境测察为主要的评价方法，因为在某种情境下的个体的行为往往是"自动的"或"自然的"。

有的父母对孩子说："假期到了，这个假期你要好好把你写字握笔的姿势练好，开学前我要检查。"以这种方式提出要求恐怕不行，因为孩子经常管不住自己，笼统的要求对他们难以起作用。因此父母要把大计划分割成很多个小计划，并不断地与孩子一起总结评估：今天做得好，可以奖

励一颗小星星；7天都得到小星星，可以换1颗大星星；获3颗大星星，就可以获得一定的奖励；获10颗大星星，就可以获得更高的奖励。这样，孩子每天都会知道自己是否进步了，并期待着明天的进步。

其实，对于父母来说，不需要很复杂的方法，有些简便易行的方法就有很好的效果，比如对小学生可以采用记录册或墙报栏的方式。父母先与孩子协商养成哪些好习惯，比如按时起床、主动完成作业、做好某项家务劳动、坚持锻炼身体等等。然后，准备一本漂亮的记录册，列入以上诸项。每天晚上，由孩子自己给自己做出评价，看看是否做到，父母也可以给予评价。孩子一般都是非常认真的，每天评价对孩子也是及时有效的。这样坚持下去，非常有助于孩子养成良好习惯。对于少年儿童，需要更多成功和快乐的体验，不断强化内在的动机。

面对孩子，我们可能会发现他们有很多不良习惯：学习不好的孩子一定是学习习惯不好；品德有问题的孩子一定是品德习惯不好。怎么办？建议父母们要做到及时评估，培养好的习惯用加法，改正坏习惯用减法。

我们来重温一下教育家乌申斯基的话："神经体不仅可以有天赋的反射，而且在活动的影响下也有掌握新的反射的能力。"经过教育，经过培养，人是可以形成新的习惯、新的反射的。我们完全可以通过训练来矫正孩子们的不良习惯。

矫正不良习惯一定要有科学的态度和方法。

一个孩子如果有了坏习惯，学习坐不住，老站起来，妈妈往往会说："儿子，学习就是学习，不许站起来！"你只要说不许站起来，你儿子屁股底下立刻就会像有钉子一样，那个难受劲儿，非站起来不可，肯定要站起来。你不让站，他忍着，一会儿还是得站起来。这是神经系统在工作，在"不屈不挠"地工作。所以说简单的训斥或命令是没用的，只能用递减法。用递减法去矫正不良行为，效果比较好。他的坏行为比原来次数减少，就可以容许他，一次比一次少，直到成功。

让我们来分享一个故事：高寿岩老师在《少年儿童研究》杂志介绍的

好经验——如何改掉孩子写作业拖拉的习惯。

梓豪是小学5年级的学生，有个不好的习惯：写作业拖拉。明明是快则半小时，慢则1小时的功课，他每天都能写3个小时以上。母亲很伤脑筋。

梓豪的外公是教师，暑假时给梓豪补课，他发现梓豪反应快，但是不专心，往往写几分钟就起来东走西走，每小时至少五六次以上。为此，母亲想出了各种办法，专门抽出时间陪梓豪写作业。梓豪每写几个字必须围着屋子溜达一圈，即使有时候在母亲的强压下不能起身，勉强写作业，可是母亲只要一离开房间，梓豪立刻我行我素。母亲不能每天都专门陪读，所以梓豪的毛病一直没有改掉。

梓豪写作业已经长期养成不能专心的习惯，要他写作业不起来走动实在不容易。儿童的不良行为，若是属于初犯，可以运用忽视、不直接作反应的方法来削弱。但事实上，真正初犯就被注意到的不良行为很少，多数是出现好多次以后才被发觉。这些长期塑造而成的行为，父母或教师发现的时候，已经相当牢固。可是一般父母或老师往往忽略这项关键因素，恨不得马上改善。因此，会把儿童所要改善不良行为的标准定得很高，很严格，很硬性，半点也不通融，形成双方对立的尖锐形势。在面临此种情形时，运用区别强化的策略非常有效。

首先，母亲与梓豪约法三章，如果梓豪写作业时，每小时能减到3次之内的离座次数，就可以允许看电视，否则就禁止看晚上6点钟的动画片（因为动画片对梓豪有吸引力，梓豪每天必看）。结果第一个星期有3天达到标准，3星期后可以完全做到。

其次，等梓豪能完全做到每个小时离座不超过3次的标准时，再把标准依次提高到2次、1次。这样，3个月后，梓豪终于改掉了写作业拖拉的习惯。

受这个故事的启发，我总结出习惯培养的一个基本方法，就是加减法，即培养好习惯用加法，改正坏习惯用减法。要想改掉一个坏习惯，需要用一种递减法。也就是说，孩子的坏习惯，必然有一个过程才能改掉。培养好习惯用加法，加一加一加一，加到60天，直到90天以上，奇迹就会出现。

所以，无论是养成一个好习惯还是改掉一个坏习惯，都需要及时评估，也就是要及时运用表扬、鼓励或者批评、惩戒等手段。这些做法对于改掉坏习惯是特别有效的，正如上面提到的梓豪母亲的成功经验。

如何改掉孩子的坏习惯，我的建议是：

1. 选择适当的标准。对于孩子不良行为或坏习惯的改正，必须要选择适当的标准。如对于写作业，每小时有1次走动是正常的，所以，没有必要把标准定成零次。如我们不希望儿童的某种新行为存在，如乱扔脏物，那么就可以采用零次的标准。

2. 要了解孩子的喜好。要改正孩子不良行为，必须要有所奖励。选择什么样的奖励则必须了解孩子的喜好。如孩子特别喜欢动画片，就可以把动画片当成孩子改正不良习惯的刺激物。特别要注意，选择的必须是儿童非常喜欢、强烈需要得到的东西，否则效果就无法保证。

3. 耐心坚持。任何坏习惯的改正需要采用渐进方式，逐步要求儿童递减不良行为的次数。这需要耐心坚持，冰冻三尺非一日之寒，父母不能希望坏习惯在一夜之间踪影皆无。

孙云晓
生活感悟

1. 改变坏习惯的最有效方法可能是替代，即用好行为代替坏行为。如《习惯的力量》一书介绍，众多的科学研究发现，习惯是暗示、惯常行为和奖赏这三个步骤的回路，如果你用同样的暗示和奖赏，你就容易换掉惯常行为，甚至可以说，如果暗示和奖赏运用得好，几乎所有的习惯都是可以改变的。

2. 对于孩子的不良习惯，最好的矫正方法不是禁止而是替代，即用养成好习惯替代坏习惯。北京晚报《暑假让孩子重拾野趣》一文给人启发：许多迷手机和网络游戏的城市孩子为什么变了？因为下水摸鱼爬山登高，捉虫捕虾摘菜除草，新鲜有趣的大自然吸引了孩子。父母还担心孩子不适应农村生活，结果却发现"叫都叫不回去了"。其实，思想家卢梭几百年前就建议："孩子十几岁前最好在农村生活，因为亲近自然最有利于人的成长。"

第六节　环境影响，培养孩子良好习惯要从父母做起

培养习惯的第六个步骤是环境影响，也就是形成良好的环境和风气，让家庭生活、学校环境乃至社会风气成为孩子养成良好习惯的支持力量。

人是环境的产物。我们培养孩子养成好习惯需要注意，一定要形成一个良好的环境，因为环境对人的影响是巨大的。

北京有很多外国的教师，某中学的一位女外教告诉我，她刚到北京的时候，很不习惯跟学生靠得很近说话。外国人都习惯说话隔得远点，大概得隔上一米，这样说话就很有安全感。但是中国的学生不习惯这样，老往外教跟前凑。学生往前凑，外教就往后倒，一直退到墙角，倒退不了了。周围都是学生，外教很不习惯，但是在北京生活时间长了就习惯了。

当这位女外教回到自己的国家以后，她的同事就害怕，因为她老往人家跟前凑。这就是环境的影响，入乡随俗，一切都是以环境为条件改变的。

若想培养孩子的好习惯，一定要形成一个良好的环境。比方家里都不能骂人，孩子如果骂人，全家人都不理他，就是好的环境。

家里有个孩子，最好的环境就是家庭成为书香之家。当孩子在学习的时候，父母千万别打麻将或玩游戏。有的父母边哗啦哗啦打麻将边说："孩子，好好学习啊，考北大、考清华。"孩子的学习状况很可能难以如愿。

再比方有些父母老在家里追电视剧，一集接一集没完没了，看得泪水涟涟。然后对孩子说："孩子，别看电视，你要好好学习，写作业去。"这样的环境同样难以让孩子专心学习。

有个孩子曾经透露过父母看电视时自己的心态：父母看电视，他不敢过去，但是他想看，就把门开个缝儿，耳朵竖得尖尖的，用耳朵听电视，结果弄得自己身心疲惫，作业也没写好。所以说人是环境的产物。父母可以选择孩子不在家的时候看电视，而当孩子学习的时候，父母最好把电视机关掉，并且少玩手机或网络游戏。家庭环境对孩子的影响很重要，如果

父母都控制不了自己的行为，那么孩子更难以抵抗诱惑。

许多调查研究都发现一个共同的规律：如果父母看书多，孩子往往看书也多；如果父母沉迷于玩手机或打麻将，孩子常常难以专心学习。当然，也有相反的情况发生，如有的孩子发誓"绝不像父母那样生活"，但父母的行为习惯一般都会对孩子产生潜移默化的影响，有些还会使其终生难忘。

说到环境育人，我经常为百年职校而感动。这是为贫困家庭提供免费教育的著名公益学校，也是中国首家全免费公益职业学校。百年职校创始人姚莉校长撰写了《做幸福的普通人》一书，让我们欣喜地看到无数贫困青年如何获得新生。该校严格落实良好习惯培养的措施，不仅让学生们完成了文明的提升，而且终身受益。不少学生实习期间就受到用人单位好评，不仅被留用，领导甚至让名牌大学的毕业生向他们学习。可能很多人没有想到，姚莉校长带领全体师生把"做幸福的普通人"作为教育理念，并将清洁卫生作为第一习惯来重点培养。即使百年职校开到了非洲的安哥拉，第一要务也是"扫除力"，校长带头趴在地上擦地。姚莉说："我们常和学生讲中国人的传统理念：'一屋不扫，何以扫天下？'同理，学生们只有先学会生存，才能为他人与社会做贡献。"

百年职校将清洁卫生作为第一习惯来重点培养的意义何在？简而言之，就是创造一个美好的环境，并以此培养美好的心灵。尽管学生大都来自贫困家庭，但是整洁的环境让他们精神面貌焕然一新，激励他们充满自信地学习和生活。走到哪里，就把清洁带到哪里，他们对真善美的追求感动了越来越多的人，也为自己的发展开辟了宽广的道路。

任何一个父母都希望孩子成为一个人才，甚至成为一个杰出人物，往往把许多人生经验告诉孩子，以至于成了唠唠叨叨的人。其实，父母做了什么比说了什么给孩子带来的影响更为深刻，因为孩子容易接受的是形象的影响，而不是抽象的说教。

为此，《人民日报》曾发出"为孩子改造成年人的世界"的呼吁。我觉得特别有必要，但也是一个很艰巨的任务。

毫无疑问，父母是孩子成长的第一环境，也是最重要的环境。父母在教育孩子的过程中，如何养成自身的好习惯呢？我的建议是：

1. 相信自己有巨大的潜能。由于工作的关系，我接触到大批青少年的父母与教师，并有机会听到他们许多心里话。我发现，他们有一个普遍的担心：自己年龄大了，有一些积习颇深的坏习惯还改得了吗？需要的一些好习惯还能够建立起来吗？的确，习惯的养成与年龄的关系是密切的。一般来说，年龄越小越容易，年龄越大越困难。但是，容易的并非能自然形成，困难的未必就不能做到，最佳的也仅仅是一种可能。准确地说，人的一生都是不断养成好习惯和改正坏习惯的过程，并且具有不断提升自己的巨大潜能，要相信自己能够做到。

2. 反思自己的教育习惯。当教育出现困难时，请父母和教师先做一下自我检查。反思教育习惯是一项重要的工作。因为父母和教师的教育习惯直接影响着孩子行为习惯的形成。可以说，教育习惯是教育观念乃至父母和教师综合素质最持久、最顽强的表现。好的习惯决定了教育必然走向成功，坏的习惯决定了教育必然走向失败。比如，您是否有欣赏孩子优点的习惯呢？如果您总能及时发现孩子的优点，并且恰当地表达出来，这表明您有一个好的教育习惯。再比如，在批评孩子的时候，您是否注意倾听孩子的诉说呢？如果您总是训个没完没了，根本不给孩子申辩的机会，这表明您有一个坏的教育习惯。如此想来，父母和教师的许多教育习惯都值得反思了，因为教育习惯比一般的教育失误更影响孩子成长。

3. 创设良好的环境。具体说，就是构建良好的家风、校风、班风。比如说北京史家小学，校园里种了许多柿子树，到了秋天，果实累累，压弯枝头，一年级的小学生伸手都够得着。但是，因为校风好，没有人随意摘取。到秋天丰收的时候，全校统一摘下来，低年级同学一人一个，高年级同学不够分的，一人半个。良好的环境成为一届届学生难忘的记忆。

如果说教育效果需要较长时间的实践检验，天津百年名校南开中学的镜箴或衣镜铭堪为环境育人之经典。在校门口有一面一人高的大镜子，上面刻写着40字的镜箴："面必净，发必理，衣必整，钮必结。头容正，肩容平，胸容宽，背容直。气象：勿傲、勿暴、勿怠。颜色：宜和、宜静、宜庄。"此铭言成为"南开精神"的重要组成部分，它影响了一批批中学生奋发向上，其中包括新中国的第一位总理周恩来。周总理仪表堂堂，风度翩翩，而他正是在南开中学度过了自己的中学时代。

孙云晓 生活感悟

1. 说习惯或者性格决定命运是对的，但切不可忽视是教育的深刻影响。孔子说："性相近也，习相远也"。孙培青主编的《中国教育史》认为，性指先天素质，习指后天习染，包括教育和社会环境的影响。人的先天素质相差无几，千差万别的教育和环境导致了千差万别的命运。

2. 我赞同福格教授的论断，一个人能否养成习惯需要三个指标，即提示、能力和动机。实践体验告诉我们，把心愿变为行动并养成习惯，既需要能力和提示，更需要强烈的动机。2022年7月，我在家乡青岛享受美食过多，结果体重飙升，令我难以容忍，于是渴望改变不良的饮食习惯，希望减肥有益于健康养生，并下定决心付诸行动，结果自8月开始，两个月内减肥近30斤。虽然也有反弹的现象，但由于控制有方，一年内保持了基本稳定。减肥关乎健康乃至生命，自然需要理性的态度。我相信一位营养学家的忠告，不吃主食的减肥有碍健康。所以，我每天早晨都吃全麦面包和牛奶、鸡蛋，有时午餐也吃米饭和饺子，当然更多时候是吃蔬菜与水果。人们都知道"人生成败在于是否自制"的道理，而饮食最直接也最经常考验人的自制力。自制力从哪里来？不是来自苦行僧的清规戒律，而是来自对生命健康与美好生活的渴望。面对美食的诱惑，减肥不易，巩固更难，但我愿意接受这些挑战，因为养成良好的饮食习惯是幸福人生的重要基础。

3. 2022年10月，我来沪陪伴小外孙，很开心，却也有担心在其中，那就是刚刚减肥近30斤，会不会反弹呢？毫无疑问，来到女儿家，饮食颇丰，免不了吃肉喝酒。果然，在沪期间，海鲜、火锅、烤肉、饺子等美食没少吃，还经常小酌美酒。结果却很意外，一个月过去，体重只有很轻微的浮动，稳定得令人欣慰。实际上，尽管诱惑甚多，关键还是在于自我控制，养成多吃蔬菜、少吃主食的饮食习惯是硬道理。养成好习惯是最强大的自制力。

4. 习惯养成需要潜移默化。因此，就儿童的习惯培养而言，家庭的作用比学校至少高出100倍。日本教育家福泽谕吉认为，道德教育和习惯养成只靠学校教育是不够的，必须由家庭、社会、学校等各方面共同努力去完成。他说了一句堪为经典的话："家庭是培养习惯的学校，父母是培养习惯的教师。"

附录

孙云晓个人著作目录

孙云晓教育作品集（新版）

1. 《教育的魅力在生活》　　　　　　2023 年，江苏凤凰教育出版社
2. 《孩子需要理性爱》　　　　　　　2023 年，江苏凤凰教育出版社
3. 《良好习惯缔造健康人格》　　　　2024 年，江苏凤凰教育出版社
4. 《文化反哺呼唤共同成长》　　　　2024 年，江苏凤凰教育出版社
5. 《梦想是成长的发动机》　　　　　2024 年，江苏凤凰教育出版社

孙云晓教育作品集（旧版）

6. 《教育的核心是培养健康人格》　　2007 年，江苏教育出版社
7. 《唤醒孩子心中沉睡的巨人》　　　2007 年，江苏教育出版社
8. 《教育就是培养好习惯》　　　　　2007 年，江苏教育出版社
9. 《捍卫童年》　　　　　　　　　　2007 年，江苏教育出版社
10. 《教育从尊重开始》　　　　　　　2007 年，江苏教育出版社
11. 《与孩子一起成长》　　　　　　　2007 年，江苏教育出版社

孙云晓教育研究前沿书系

12. 《习惯养成有方法》　　　　　　　2016 年，浙江文艺出版社

13.《亲子关系——决定孩子一生幸福的密码》

             2016 年，浙江文艺出版社

14.《发现童年的秘密》   2016 年，浙江文艺出版社

15.《成功智力——比智商更重要的潜能》

             2016 年，浙江文艺出版社

16.《五元家教法——好父母的必修课》

             2016 年，浙江文艺出版社

17.《孩子，你有无限可能》 2017 年，浙江文艺出版社

孙云晓家庭教育精品课系列

18.《好习惯》   2021 年，浙江文艺出版社

19.《学习力》   2021 年，浙江文艺出版社

20.《亲子关系》   2021 年，浙江文艺出版社

儿童教育专辑

21.《我的家怎么了》   2006 年，长江文艺出版社

22.《好方法教出好孩子——孙云晓家庭教育 16 讲》

             2010 年，青岛出版社

23.《懂方法的父母成就孩子一生》 2011 年，长江文艺出版社

24.《孩子，别慌》   2012 年，中国少年儿童出版社

25.《有尊重才有教育》   2012 年，作家出版社

26.《有自由才有成长》   2012 年，作家出版社

27.《习惯决定孩子一生》   2013 年，北京师范大学出版社

28.《用心教养——孙云晓与中外心理学名家的对话》

             2014 年，浙江人民出版社

29.《9 个好习惯成就孩子一生》 2019 年，湖南教育出版社

孙云晓与你面对面丛书

30.《教育就是以爱育爱》　　　　2010年，安徽教育出版社
31.《爱孩子要敢于说不》　　　　2010年，安徽教育出版社
32.《美好习惯决定美丽人生》　　2010年，安徽教育出版社
33.《每个孩子都可以成功》　　　2010年，安徽教育出版社

博客书

34.《教育是人的解放——孙云晓教育随笔精粹》
　　　　　　　　　　　　　　　　2009年，安徽教育出版社
35.《让人幸福的教育——孙云晓教育随笔精粹》
　　　　　　　　　　　　　　　　2010年，安徽教育出版社

报告文学集

36.《少年巨人》　　　　　　　　　1986年，海燕出版社
37.《青春阶梯——孙云晓获奖报告文学选》
　　　　　　　　　　　　　　　　1992年，贵州人民出版社
38.《唤醒巨人》（获2004年中国图书奖）
　　　　　　　　　　　　　　　　2003年，安徽少年儿童出版社
39.《夏令营中的较量》　　　　　　2008年，新世纪出版社
40.《16岁的思索》（获第二届全国优秀儿童文学奖、百年百部中国儿童文学经典书系之一）　　2016年，长江少年儿童出版社

孙云晓教育文学丛书

41.长篇儿童小说《金猴小队》　　　2017年，浙江文艺出版社
42.长篇青春小说《握手在16岁》　　2018年，浙江文艺出版社
43.长篇传记小说《少年探险家》　　2019年，浙江文艺出版社
44.长篇传记小说《孩子，抬起头》　2020年，浙江文艺出版社
45.长篇传记《解放孩子》　　　　　2021年，浙江文艺出版社

后记

到 2023 年,我从事儿童教育整整 50 年了,已经出版 40 多部个人专著,所以,写作和出书的速度明显放慢了许多,原因是对质量的要求越来越高,希望真正出一点有价值的作品。感谢江苏凤凰教育出版社编辑俞婷多次热情地与我联系,希望我的教育著作能够再版,并介绍了许多推广的计划。我一向对江苏凤凰教育出版社怀有感恩之心,因为早在 2007 年,该社即出版我的一套《孙云晓教育作品集》。如今,面对多年支持我的读者朋友,我怎么能只是将旧书再版呢?于是,我开始回顾近年来的新探索,有许多学术交流和思想激荡的珍贵成果,就像积存多年的山泉喷涌而出。我陆续写下一些前沿性思考的文章,加上一些重要的讲演,这些作品都曾经引起强烈的社会反响,其中有许多较有新意和分量的作品,我愿意与大家分享。所以,我决定把广大父母和教师及家庭教育工作者最关心、也最重要的内容集中起来,出一套新版的《孙云晓教育作品集》。

一本书决定聚着多人的心血,可谓万人糕。感谢长期给予我支持与合作的朱永新、陈会昌、李玫瑾、边玉芳、康丽颖、刘秀英、孙宏艳、李文道等著名学者;感谢洪明、陆士桢、卜卫三位著名的教授为我作序,他们独特而精到的分析极大地拓展了作品集的思想内涵;感谢首都师范大学教育学硕士卢宇老朋友，她协助我做了大量的书稿整理工作；感谢江苏凤凰教育出版社各位领导和刘煜、俞婷等编辑及有关工作人员的热情与严谨，因为有你们的辛勤劳动，最终才能将书送到读者手中。

  我相信这五本书是有独特价值的。当然，还要特别感谢读者朋友的鼎力支持，只有读者有效的阅读和实践，才能最终实现本书的价值。对于作者来说，读者朋友的认可是最高的奖赏！

孙云晓
2023 年 12 月于北京云根斋

感谢您使用本书。您在使用本书时如有建议或发现质量问题，请联系我们。

【内容质量】电话：4008283622
【印装质量】电话：4008283610

图书在版编目（CIP）数据

良好习惯缔造健康人格 / 孙云晓著. —南京：江苏凤凰教育出版社，2024.2

（孙云晓教育作品集）

ISBN 978-7-5743-0806-0

Ⅰ.①良… Ⅱ.①孙… Ⅲ.①习惯性—能力培养—儿童教育—家庭教育 Ⅳ.① G78

中国国家版本馆 CIP 数据核字（2024）第 021858 号

	孙云晓教育作品集
书　　名	良好习惯缔造健康人格
作　　者	孙云晓
责任编辑	俞　婷
出版发行	江苏凤凰教育出版社（南京市湖南路 1 号 A 楼　邮编 210009）
苏教网址	http：//www.1088.com.cn
照　　排	南京私书坊文化传播有限公司
印　　刷	南京顺和印刷有限责任公司（电话：025-83682876）
厂　　址	南京市江宁区麒麟街道天和路 78 号
开　　本	787 毫米 ×1092 毫米　1/16
印　　张	16
版　　次	2024 年 2 月第 1 版
印　　次	2024 年 2 月第 1 次印刷
书　　号	ISBN 978-7-5743-0806-0
定　　价	55.00 元
网店地址	http：//jsfhjycbs.tmall.com
公　众　号	苏教服务（微信号：jsfhjyfw）
邮购电话	025-85406265，025-85400774
盗版举报	025-83658579

苏教版图书若有印装错误可向承印厂调换
提供盗版线索者给予重奖